宫殿

杨龙山 ◎ 著

图文古人生活

人民东方出版传媒
东方出版社

图书在版编目（CIP）数据

宫殿 / 杨龙山 著 . — 北京：东方出版社，2023.11
ISBN 978-7-5207-3084-6

Ⅰ. ①宫… Ⅱ. ①杨… Ⅲ. ①宫殿 – 古建筑 – 中国 – 通俗读物 Ⅳ. ① K928.74-49

中国国家版本馆 CIP 数据核字 (2023) 第 170158 号

宫殿
（GONGDIAN）

作　　者：	杨龙山
责任编辑：	王夕月
出　　版：	东方出版社
发　　行：	人民东方出版传媒有限公司
地　　址：	北京市东城区朝阳门内大街 166 号
邮　　编：	100010
印　　刷：	天津旭丰源印刷有限公司
版　　次：	2023 年 11 月第 1 版
印　　次：	2023 年 11 月第 1 次印刷
开　　本：	650 毫米 ×920 毫米 1/16
印　　张：	18
字　　数：	200 千字
书　　号：	ISBN 978-7-5207-3084-6
定　　价：	88.00 元

发行电话：（010）85924663　85924644　85924641

版权所有，违者必究
如有印装质量问题，我社负责调换，请拨打电话：（010）85924602　85924603

总序

图文中国文化系列丛书

中国文化是一个大故事,是中国历史上的大故事,是人类文化史上的大故事。

谁要是从宏观上讲这个大故事,他会讲解中国文化的源远流长,讲解它的古老性和长度;他会讲解中国文化的不断再生性和高度创造性,讲解它的高度和深度;他更会讲解中国文化的多元性和包容性,讲解它的宽度和丰富性。

讲解中国文化大故事的方式,多种多样,有中国文化通史,也有分门别类的中国文化史。这一类的书很多,想必大家都看到过。

现在呈现给读者的这一大套书,叫作"图文中国文化系列丛书"。这套书的最大特点,是有文有图,图文并茂;既精心用优美的文字讲中国文化,又慧眼用精美图像、图画直观中国文化。两者相得益彰,相映生辉。静心阅览这套书,既是读书,又是欣赏绘画。欣赏来自海内外二百余家图书馆、博物馆和艺术馆的图像和图画。

"图文中国文化系列丛书"广泛涵盖了历史上中国文化的各个方面，共有十六个系列：图文古人生活、图文中华美学、图文古人游记、图文中华史学、图文古代名人、图文诸子百家、图文中国哲学、图文传统智慧、图文国学启蒙、图文古代兵书、图文中华医道、图文中华养生、图文古典小说、图文古典诗赋、图文笔记小品、图文评书传奇，全景式地展示中国文化之意境，中国文化之真境，中国文化之善境，中国文化之美境。

这是一套中国文化的大书，又是一套人人可以轻松阅读的经典。

期待爱好中国文化的读者，能从这套"图文中国文化系列丛书"中获得丰富的知识、深层的智慧和审美的愉悦。

王中江

2023 年 7 月 10 日

前言

出版方让我写一本《宫殿》，要求是通俗读物。对于这样一本书，我的思路是立足于庙堂，从介绍皇家建筑与建筑中发生的故事入手，通过上百张图画资料，为读者呈现古人的建筑文化。

事实上，在历史的故纸中追溯"宫"的起源时，我们会惊讶地发现，"宫"原来并不是现代意义上的高贵场所或建筑。在上古，"宫"也是一般的住宅，老百姓的房屋也可以称作"宫"。"宫"与"室"同义，宫室可以并称。古籍说起黄帝时，便有"邑于涿鹿之阿，迁徙往来无常处，以师兵为营卫"的记载，这说明当时人们的房屋已经摆脱了依自然地势分散而建的布局，开始有意识地将居住地聚集在一起，尽管这种聚落并不固定。尧帝时，对宫的记载变得更加具体，"堂崇三尺，茅茨不翦"说的是尧的宫室，目的是歌颂尧的俭德。由尧到舜，宫发展得更为成熟，后人在谈到舜的贤德时，便言舜所到之处，"一年成聚，二年成邑，三年成都"。这时，宫的形成既迅速，数量又众多，其聚集的地方已经显露出城市的雏形。

舜帝之后，禹被推选为首领。以治水闻名于世的禹，被后人称为"夏伯"。他曾头戴竹笠、脚穿草鞋，走遍大江南北，治理九州水患，赢得了舜的信任，被指定为帝位的继承者。舜在苍梧（今湖南省宁远县）去世后，禹在夏邑（今河南省禹州市）即位，并用自己的封号"夏"作为天下之号，由此，中国历史上第一个王朝诞生了。

《墨子·辞过》有一段话清楚地阐释了宫室的起源："古之民未知为宫室时，就陵阜而居，穴而处。下润湿伤民，故圣王作为宫室。为宫室之法，曰：室高足以辟润湿，边足以围风寒，上足以待雪霜雨露。"当圣贤的君主看到他的臣民在半穴居的环境里生活不便，引起了多种疾病后，决定教他的臣民依山建屋，以阻挡风寒，遮蔽霜雪。

关于建筑的故事，本书将以明清的北京故宫作为叙述的终点。北京故宫，在建筑史上，是个颇有意思的案例。朱棣的皇宫无论是建筑面积和工艺水平都远胜朱元璋所建的南京皇宫，除了规模宏大之外，朱棣的皇宫还暗含了无数玄妙，每一处细节的设计都非常讲究。

朱棣的皇宫被后人称为"紫禁城"，此名由皇宫最初的名字"紫微宫"演变而来。在古人的认知中，紫微、太微及天市三垣都处于苍穹中央，其中紫微垣为中央之中，是天帝所居之处。既然是天帝住的地方，天子当然也该居于此处，紫微宫之名由此被定了下来。由此推演，其他一些宫殿也都有了相应的意义：奉天殿（太和殿）、华盖殿（中和殿）、谨身殿（保和殿）象征天阙三垣。三大殿下设三层台阶，象征太微垣下的"三台"星。它以上是"前朝"，属阳，与之对应的则是"后廷"，属阴。"后廷"是皇帝与后妃们生活居住的场所，符合紫微垣布局，居于后廷中央的乾清宫、交泰殿（明初无交泰殿）和坤宁宫三宫同居于左右两侧的东西六宫，组成十五个宫殿，暗合紫微十五星之数。在紫禁城中，阴和阳也不是绝对地分开，比如后廷中皇帝居住的乾清宫就与皇后居住的坤宁宫相对，是为"阴中之阳"，而午门后的五城楼又称为"五凤楼"，应属"阳中之阴"。

本书从宫殿的源头说起，这是中华文化的"基因"，上百个与帝王宫殿有关的小故事贯穿其中，用从全世界各大学、博物院、艺术馆收集来的图画资料，讲述绵延五千多年不曾断裂、屡经冲击不脱底色、固本培元且又与时俱进的中华宫殿建筑文化。全书以符合现代人阅读习惯的方式，用大量图像呈现中国古典文化，传承中华文化的基因。

希望读者喜欢。

目录

第一章　遥远的记忆

第一座宫殿　/　002

开在钧台的国宴　/　008

商人的都城　/　016

纣王的鹿台　/　022

夫差的馆娃宫　/　026

咸阳宫中的刺客　/　030

蜀山兀，阿房出　/　034

第二章　西汉至北宋的雄风与幽怨

韩信命断的未央宫　/　046

阿娇的金屋　/　052

芙蓉馆中的悲喜剧　/　058

开在皇宫里的店肆 / 063

锁不住二乔的铜雀台 / 069

金殿上的七步诗 / 080

曹叡的华宫 / 088

景阳殿的哀叹 / 093

通向皇位的玄武门 / 099

沉香亭里的醉宴 / 107

削夺兵权的宫宴 / 114

宫廷中的"蹴鞠" / 121

第三章　三朝古都　南北二京

忽必烈的"大汗之城" / 134

元顺帝的宫中乐园 / 141

朱元璋的帝王之宅 / 145

午门的血迹石 / 152

目录

燕王的紫禁城　/　156

铲除鳌拜的乾清门　/　160

牌匾后的密诏　/　165

二十五颗宝玺　/　173

光绪的婚房　/　185

第四章　红墙故宫

"金凤颁诏"的天安门　/　212

明三暗五的午门　/　219

皇帝的金銮殿　/　224

最辉煌的囚室　/　228

钦点状元的屋子　/　233

垂帘听政的内室　/　238

第五章　揭开宫廷的秘事

图中行乐的明宣宗　/　248

红墙里的火光　/　253

万历"三案"　/　256

皇家花园　/　260

清宫里的戏台　/　265

珍妃的冷宫和珍妃井　/　268

把门槛锯掉　/　271

第一章 遥远的记忆

第一座宫殿

大约200万年到30万年前,由古猿进化而来的晚期直立人开始大量地出现在地球上。他们在身体特征上与现代人非常相似,其智力水平与古猿相比也有了很大的提高。为了适应环境变化,他们开始穿兽皮,学习用火,并利用天然的山洞躲避严寒和风吹雨淋。洞穴是人类最早的避难所,相当长的时期,人类将其视为温暖的家园,并据以繁衍生息。后来,人类的生活方式不断改变,对周围环境的要求也随之越来越高,山洞不可避免地从人们视野中慢慢消失,在靠近水源或丰富自然资源的地方自建住宅成了他们的最佳选择。

北方最早的自建住宅类似于天然洞穴,即掘地为穴。而生活在南方茂密森林中的人们则以木为材料来建造建在树上的房屋。在往后的日子里,这两种形式的建筑相互融合,形态越来越精致,功能也越来越复杂,与现代房屋类似的"宫室"就随之产生了。

帝尧像

选自《历代帝王像》册 （清）姚文翰 收藏于美国纽约大都会艺术博物馆

尧名放勋，帝喾次子，黄帝的五世孙。初封于陶，又封于唐，故号陶唐氏。其号曰尧，称唐尧，为上古时期的圣贤君王，史称"其仁如天，其知如神。就之如日，望之如云。富而不骄，贵而不舒"。唐尧的部族活动于今河北省唐县至望都一带的漯沱河流域。后来因常受唐河、漯沱河水患侵害，唐尧便带领部族西进向高处迁徙，进入了今山西省境内，最后来到了汾河中游的河谷地带，即今太原盆地。后来唐尧的部族和太原先民共同创造了太原的龙山文化。其在位百年，有德政，做到了"九族既睦"。

　　早期的房屋出现后，即被称为"宫"，但完全不同于现代意义上的宫殿。那时所谓的宫，也就是泥土筑墙、茅草盖顶的土屋，和现在北方的土房和南方的柴棚没有太大区别，都是普通百姓的住所，远没有后来的宫殿那么宏伟。

　　关于宫的起源，《墨子·辞过》中是这样说的："古之民未知为宫室时，就陵阜而居，穴而处。下润湿伤民，故圣王作为宫室。为宫室之法，曰：室高足以辟润湿，边足以圉风寒，上足以待雪霜雨露。"从这里可以看出，产生宫的动机与前文叙述的基本相似，只是人类发展过程中自发的建筑行为被当作了帝王的恩赐。其原因与封建社会对君主制的思想认识有关，并不能作为宫是某个人建造的证据。

　　虽然宫并非某一个部落首领所赐，但在远古时代，宫也确实随之产生了。古籍说起黄帝时，便有"邑于涿鹿之阿。迁徙往来无常处，以师

帝舜像

选自《帝王道统万年图》册
（明）仇英，收藏于中国台北『故宫博物院』

舜，中国古代传说中父系氏族社会后期部落联盟的首领，传说是黄帝的八世孙，因生于姚墟，故姓姚，冀州人。舜受尧的禅让而称帝于天下，建都蒲阪（今山西永济），国号『有虞』，故号为『有虞氏帝舜』。他是与尧、禹齐名的古代圣贤君王。相传因四岳推举，尧便命他摄政。

兵为营卫"的记载，这说明当时的宫已经摆脱了分散而建的自然格局，开始有意识地将居住地聚集在一起，尽管这种聚落并不固定。到尧帝时，宫的记载变得更加具体，"堂崇三尺，茅茨不翦"说的是尧的宫室，目的是歌颂尧的俭德。由尧到舜，宫发展得更为成熟，后人在谈到舜的贤德时，便言舜所到之处，"一年成聚，二年成邑，三年成都"。这时，宫殿的形成既迅速，数量又多，聚集的地方已经具备了城市的雏形。

以治水闻名于世的禹，被后人称为"夏伯"。他曾头戴竹笠、脚穿草鞋，走遍大江南北，治理了九州水患，从而赢得了舜的信任，将其位禅让给了禹。舜在苍梧（今湖南省宁远县）去世后，禹在安邑（今山西省夏县）即位，并用自己的封号"夏"作为天下之号，由此，我国历史上第一个王朝诞生了。

新石器时期河姆渡文化的村庄模型
收藏于菲尔德自然历史博物馆

二里头遗址出土的青铜斝，用于温酒的酒器，也被用作礼器。

二里头遗址出土的青铜爵，饮酒器，相当于酒杯，也被用作礼器。

宫殿在夏朝发展迅速，规模宏大的宫殿群在这时终于出现。2003年，考古学家在河南洛阳市偃师区二里头发现了两座完整的宫殿遗址。据考证，这两座宫殿都建造于夏商时期。二里头遗址上的一号宫殿的庭院建在一个用夯土筑成的平台上，呈缺角矩形，东西长108米、南北宽100米。庭院的四周为廊，院南面正面有一座面阔7间的大门，东北部折进的东廊中间又有门址一处。在庭院的北边，是一座坐北朝南的宫殿。二里头遗址未发现瓦件，由此可见，当时的人们仍然用茅草覆盖屋顶。《考工记》和《韩非子》中都有记载这一建筑特征，称先商宫殿是"茅茨土阶"，殿顶则是"四阿重屋"的重檐屋顶。经过不断的演变，这样的屋顶后来成了中国建筑中最尊贵的屋顶。

二里头发现的宫殿是目前所发现的中国最早，也可以说是真正意义上的宫殿，它大大超出了普通百姓住宅的形制和规模。

开在钧台的国宴

当禹被舜命令治水时,他走遍了中国的大江南北。在勘查地理的路上,他认识了涂山氏,涂山氏欣赏禹的为人,就把两个漂亮的女儿嫁给了他。涂山氏的女儿分别叫女娇和少姨,其中女娇为禹生下了儿子启。当启还是个孩子的时候,禹整天只忙着治水,三过家门而不入,全靠女娇和少姨抚养。后来禹接受禅让当了部落首领,同启相处的时间才多了起来。

禹当了首领后,不需要像以前那样过风餐露宿的生活了,他的草鞋换成了丝履,原先住的草棚也换成了宫殿。尽管如此,他仍然保持了原来的亲民作风,经常出去巡游,了解民情。他在外巡察期间,看到一些部落首领对他不够尊重,于是下令收集每个部落的铜并铸造了9个大鼎,然后把这些大鼎当作镇国之宝放置在宫殿的前边。以后每当有小部落首领前来进贡时，必须先拜大鼎，这种参拜方式无形中提升了禹的威望，而大鼎也逐渐被视为国家政权的象征。

大禹刚登基时，也效仿舜的做法，为自己选择了接班人，这个人就是皋陶，后来皋陶病死了，又选了善于畜牧和狩猎的伯益。随着年纪的增长，禹开始后悔当初选择外人做接班人了，他想把政权传给自己的儿子启。因此，他故意把一些重要的事情交给启办理，使启的威信逐渐建立起来。启在禹百岁巡狩会稽去世后，便自然而然地成了帝位的接班人，由此改变了禅让的古制，开创了"父传子，家天下"的世袭制的先河。

禹

克勤于邦 烝民乃粒
懋懋在躬 厥中允执
恶酒好言 九功由立
不伐不矜 振古莫及

《禹王立像》
（宋）马麟 收藏于中国台北「故宫博物院」

纵249厘米，横111.3厘米。禹，夏后氏首领，传说是颛顼的曾孙，黄帝轩辕氏第六代玄孙。父亲名鲧，母亲为有莘氏之女修己。他是中国古代与尧、舜齐名的圣贤君王。舜禅让于禹，禹即天子位，以安邑（今山西夏县）为都城，定国号为夏。又被称为夏禹。

《禹王开山图》卷

(宋)赵伯驹 收藏于中国台北『故宫博物院』

纵35厘米,横221.1厘米。疏导河水,必须开凿山崖。传说黄河中游现在山西省境内的龙门山,就是大禹治水时开凿出来的。

下车泣罪

选自《帝鉴图说》法文外销画绘本　（明）佚名　收藏于法国国家图书馆

史载禹有一次巡视时，路遇罪犯被公差押解。禹便下车询问罪由。他自责没有创造良好的生活条件以及管理分配制度，致使有些人迫于生计走上犯罪的道路。禹为此难过地落下了眼泪。

戒酒防微

选自《帝鉴图说》法文外销画绘本 （明）佚名 收藏于法国国家图书馆

画面描绘的是大禹戒酒，以防耽误国事的故事。

▲ 夏启像

选自《帝王道统万年图》册 （明）仇英 收藏于中国台北『故宫博物院』

启是大禹的儿子，他创建了我国第一个奴隶制国家夏朝。从启开始，『世袭制』代替『禅让制』。

▶ 皋陶像

选自《历代帝王圣贤名臣大儒遗像》册 （清）佚名 收藏于法国国家图书馆

皋陶，名繇。上古时期伟大的政治家、思想家、教育家，长期掌管刑法，以正直闻名千世，被尊为『中国司法始祖』。

启继帝位之后的第一件事就是宴请诸侯,即史书上说的"大飨诸侯于钧台"。启的大宴诸侯应该是中国历史上第一个"开国大典",也是第一次规模庞大的"国宴"。这次"国宴"觥筹交错、艳舞升平,极尽奢华,举办的地点就在钧台。

钧台也叫夏台,是夏商时期的重要建筑之一。它原来的位置在禹州城南10里的地方,三峰山东南,大陵之西。《旧藏易》说的有"启筮亨神于大陵之上,即钧台也",指的就是这个钧台。这个钧台由于岁月的漫长,早已不见了踪影。如今在禹州城的西北,又建起了一座新的钧台,这座钧台按照传说中的钧台模样而造,台基呈矩形,中间建有一个拱形门洞,台基上的主建筑是一座亭阁式的大殿,周围由24根明柱支撑。新钧台的大殿为双重檐两滴水样式,上面覆盖着赭黄琉璃瓦。在钧台周围的栏杆上,还镶嵌着刻有大禹治水画面的石板20块。另外在新钧台拱形门洞的两侧,还有一副对联,上联是"得名始于夏",下联是"怀古几登台"。

夏启大宴诸侯的钧台在此后又被多次使用。启在位10年后,传位于其子太康,太康传位于弟弟仲康,仲康又传位于相。相在位28年,后被有穷国的大臣寒浞杀害,使夏朝中断40年。相的儿子长大后,剪除了寒浞的势力,又"坐钧台而朝诸侯",并使夏朝中兴,史称"少康中兴"。之后,夏朝又经过了11代君王,最后传到夏桀手中。夏桀在位时昏庸无道,引起世人不满,生活在黄河下游的商部落乘机崛起,实力日益壮大。为了阻止商部落的崛起,夏桀把商王汤囚禁于此。

商汤的被囚,也是发生在钧台的最后一次有记录的事件。

商人的都城

由夏禹之子启建立的夏朝在桀的统治下开始走向衰亡。桀是一个荒淫无度的君王，他耗巨资在洛阳的宫中建造了一座用白玉砌成的瑶台，只为自己天天在上边饮酒享乐。他不理朝事，如此一来，夏的统治根基越来越不稳定。前1766年，曾被桀囚禁在钧台的成汤见灭夏的时机已到，毅然在伊尹的辅佐下率军向夏都进发，开始了对夏大规模的征讨。整天在钧台享乐的夏桀听说成汤进攻的消息时才慌了神，连夜召集军队，准备同商军决战。在商军高昂的士气面前，夏朝的大军一点斗志都没有，最后一败涂地，夏都很快面临被成汤军队攻破的危险。夏桀见大势已去，只带了几个随从，逃向南巢（今安徽省巢县西南）。成汤率军紧追不舍，最终擒获了暴虐的夏桀，创立了商朝。

成汤建立的商朝是中国第二个奴隶制王朝，从建立到灭亡历经五百多年的时间，并曾多次迁都。商的王位传到第19代的盘庚时，迁都于殷，

成汤像

选自《历代帝王圣贤名臣大儒遗像》册 （清）佚名 收藏于法国国家图书馆

汤，又叫成汤、商汤，甲骨文记载其名大乙。汤推翻了夏朝，流放了夏桀，取而代之建立了商朝。商朝是中国历史上第二个奴隶制王朝。成汤建立商朝后，整治朝纲，重视发展，使得百姓安居乐业，大大推动了社会的进步和发展。

伊尹像

选自《历代帝王圣贤名臣大儒遗像》册 （清）佚名 收藏于法国国家图书馆

商初名臣，伊是其名，尹是官名，相当于丞相之位。商朝开国功臣，也是中华厨祖。他辅佐过包括成汤在内的前后五位君王，是杰出的政治家、思想家。

梦赉良弼

选自《帝鉴图说》法文外销画绘本 （明）佚名 收藏于法国国家图书馆

出自典故《尚书·商书·说命》。讲的是商高宗武丁梦见忠臣并寻觅忠臣的故事，这个被寻觅的臣子就是我们耳熟能详的"傅说举于版筑之间"的傅说。商高宗推行仁政，是个任用贤臣的明君。

甲骨文

　　甲骨文，是中国的一种古老文字，又称"卜辞""龟甲兽骨文"等。它是目前中国已知最早的成熟汉字，最早出土于河南省安阳市殷墟。清朝光绪年间王懿荣无意间发现了来自河南安阳的龟甲上刻有特殊的纹。后来经过大量的研究，发现了中国最古老的文字，这个发现震惊了学术界和文化界。这是中国商朝晚期皇室用于占卜或记事，在龟甲或兽骨上刻的文字。

安阳殷墟甲骨坑
殷墟出土的带有文字的甲骨有十多万片，是震动中外考古界的一次重大发现。

甲骨文
《礼记·表记》载："殷人尊神，率民以事神，先鬼而后礼。"说明殷商时期，当权者在处理大小事务之前，都要先进行占卜，然后将所问之事契刻于甲骨上记录下来。

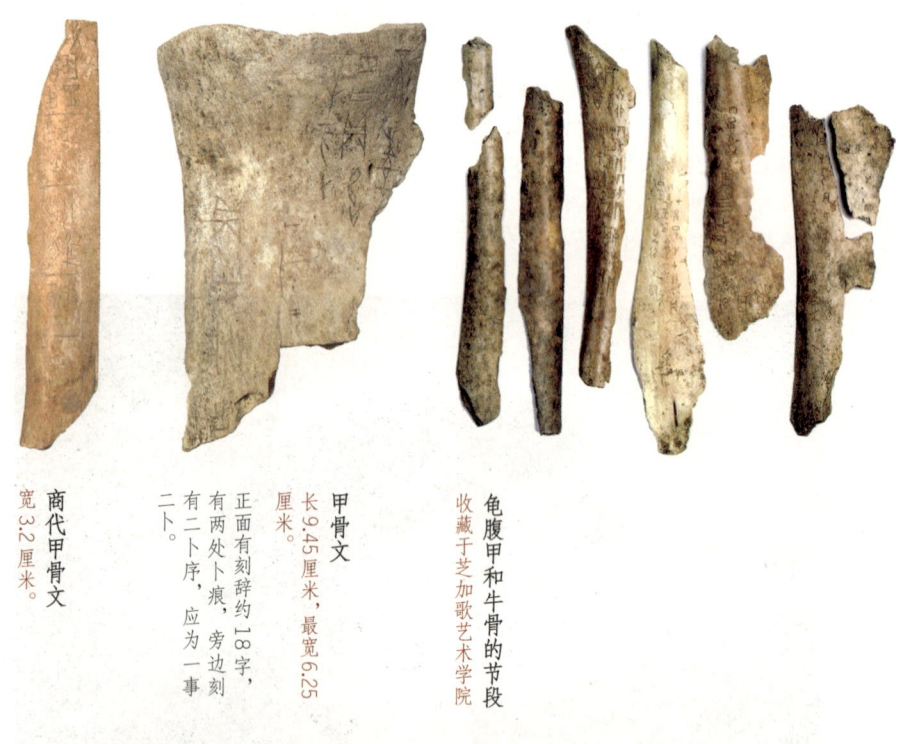

龟腹甲和牛骨的节段
收藏于芝加哥艺术学院

甲骨文
长9.45厘米，最宽6.25厘米。
正面有刻辞约18字，有两处卜痕，旁边刻有二卜序，应为一事二卜。

商代甲骨文
宽3.2厘米。

并从此安定下来，因此商朝也被称为"殷商"或"殷"。

位于洹河冲积平原上的殷地，自新石器时代以来，就有人生活在这里。殷成为商都后，规模不断扩大，很快形成了一座方圆 10 多里，房屋鳞次栉比的大型城市。殷都的宫殿在传说中极其奢华，但很少有人能想象它的真实面貌。直到 1899 年，一个叫王懿荣的人偶然发现了甲骨上雕刻的文字，这座古都的神秘才逐渐被揭开了。此后不久，神秘的殷墟遗址被人发现。随着考古发掘的深入，上万片甲骨文、数以千计的青铜器及建制完整、组织有序的城市清晰地出现在人们眼前，沉睡了 3000 多年的殷商古都终于重见天日。

从殷墟的发掘结果来看，这座商朝都城遗址可以说规模巨大、遗存丰富。在这座总面积近2400公顷的长方形建筑群遗址中，不仅有宏伟的宫殿、寺庙遗址以及皇家陵墓，还有分散的住宅遗址、家族墓地和手工艺作坊。在殷墟的建筑群中，宫殿宗庙是最重要的部分。殷墟宫殿位于洹河南岸的小屯村东北，南北长约1公里，东西宽约0.65公里，总面积达71.5公顷，是当时商王居住及与群臣议事的场所。目前在这个遗址上发现80余座夯土建筑基址，足可见其规模之宏大。从现代人复原的殷朝宫殿形态上可以发现，它是典型的"茅茨土阶，四阿重屋"式建筑，这与古籍记载的夏商建筑的特征非常吻合。

除了庞大的宫殿建筑群外，殷墟遗址还有一个重要的发现，那就是妇好墓的发掘。妇好是商王武丁60多位妻子中的一位，她的名字在甲骨文中多次出现。据甲骨卜辞记载，妇好曾多次奉命领兵作战，先后战胜了殷周边的羌、土方、巴方及夷方等国的军队。她是一位武艺出众的宫中女子，深得武丁的宠爱。在武丁的允许下，妇好还经常主持祭天、祭先祖、祭神泉等各类祭典，还担任占卜官。妇好在武丁之前去世，死后被葬在了生前居住的宫殿旁边，距现在的小屯村西北约100米。妇好墓是迄今发现的保存最完好的商代墓葬之一，墓中出土的755件玉器、63件石器、47件宝石器及其他物品都是罕见的艺术精品。

纣王的鹿台

成汤建立的商最后亡在了纣王帝辛的手里,据后世史家所述,他是一个十足的享乐主义者,可以说为此不择手段。在他统治期间,曾强征成千上万的奴隶,用了7年的时间,在殷都朝歌建造了一座鹿台。这座被称为鹿台的建筑"其大三里,高千尺",台上的楼阁亭榭装饰精美,比夏桀的瑶台还要豪华。

台是古代最常见的建筑之一,传说在黄帝时期就已经存在了。在古人的理解中,掌管人间万象的天神居住于高山山顶,所以为了得到神灵的庇护与恩典,就要尽量接近神仙一些。也就是说,台的出现是为了适应古人与神灵交流沟通的需要。台的平面一般为四方形,所谓"四方而高者"。"圆基千步"的朝台在古代也有出现,但数量很少。因为高可望远,台经常被古代帝王当作观光和娱乐的场所,所以台的上面通常会建有各种房舍,并有草木山石等做装饰。长期以来,台一直作为地位的象征，受到许多帝王的喜爱。

修建鹿台是商纣王当政期间一项巨大的工程，是他花巨资为爱妃苏妲己专门修造的一座娱乐场所。《史记·殷本纪》中"厚赋税以实鹿台之钱"的记载说明了它建造费用高昂。虽然也希望得到神仙的保护，但纣王建鹿台的主要目的并不在此。在高高的鹿台上对酒当歌、纵情娱乐，如神仙一样逍遥快活，才是他和妲己的终极追求。

被纣王宠爱的苏妲己原是苏部落一位酋长的女儿，前1147年，由于她的部落被商纣王的军队击败，她的父亲便将她献出乞和。来到商都后，妲己充分展示了她的迷人魅力，使纣王心智大乱，把所有的心思都放在她的身上。鹿台建好后，纣王每天都要和妲己上台观景，恣意快活，却丝毫不顾黎民百姓的死活。有一次纣王和妲己在台上饮酒作乐时，烹制酒菜的厨子未将菜做熟，当即被纣王下令处死。有一年冬天，纣王和妲己正在鹿台上喝酒，看见一位乡人赤脚蹚过冰冷的河水。妲己感到奇怪，觉得一定有什么不寻常的地方，便让纣王命人将其腿脚敲碎，以看究竟，纣王真的令人敲碎了那人的腿骨。还有一次，纣王和妲己都喝醉了，忽然对孕妇起了兴趣，想知道胎儿在腹中的情况，他们马上喊人去城里抓来一名孕妇，当众剖开了她的肚子。为让妲己开心，纣王还挖空心思，在鹿台下边挖了一个巨大的酒池，并在酒池旁的树上挂满肉块，然后找来年轻男女们脱光衣服，在肉林中打闹嬉戏，相互追逐，尽情享受着人间的欢乐。纣王的行为越来越出格，这引起了朝中大臣的担忧，各地诸侯也有很多不满。纣王却一点也不在乎，对各种意见根本不放在心上，还屠戮反对他的人，使群臣再也不敢当面指出他的错误。在妲己的授意下，他专门造了一个铜的大熨斗，里边烧火，任何胆敢对他不满的人，都会被强迫徒手举起这个被烧得火热的东西，受此刑罚的人还没有举起，就已经被烧得浑身焦烂，其状惨不忍睹。纣王的叔父比干不忍

脯林酒池

选自《帝鉴图说》法文外销画绘本 （明）佚名 收藏于法国国家图书馆

夏桀宠爱妹喜，荒淫无道。以肉脯为林，水池装酒来取乐，还修了奢华的宫室，耗尽天下财。

革囊射天

选自《帝鉴图说》法文外销画绘本 （明）佚名 收藏于法国国家图书馆

商君武乙用革囊盛血，挂于高处，射天，以彰显其威武。这个典故表现出武乙的暴虐和荒唐行为。

妲己害政

选自《帝鉴图说》法文外销画绘本 （明）佚名 收藏于法国国家图书馆

纣王是历史上有名的昏君，他比夏桀更荒淫和暴虐，酒池肉林的骄奢，炮烙之刑的残酷，对忠臣比干施挖心之刑，等等。每日都沉溺在后宫之中荒唐度日，致使民不聊生，暴乱百出。

商朝江山就此失去，多次进谏，他一概不理，最后听得烦了，竟以观看比干的心是否有七窍为由，剜出了他的心。

严酷的刑罚导致朝廷中再也没有谁敢向纣王进谏了。纣王和妲己终于可以无所顾忌地纵情享乐了。让纣王没有想到的是，他们很快就为荒淫无度付出了代价。前1122年，早已窥伺商朝天下、蛰伏多年的周武王姬发看到时机已到，率兵渡过黄河，进逼朝歌。对纣王充满怨气的商朝军队阵前倒戈，随周的大军一起向皇宫攻来。此时的纣王才终于明白了忠臣们的良苦用心，但为时已晚，只能一把火烧毁了曾经给他带来无数快乐的鹿台，自己也葬身于熊熊烈火之中。

夫差的馆娃宫

周朝的宫殿建造技术进一步成熟，与夏商时期相比，这时的建筑材料和宫殿形态有了很大的改善，各个诸侯国都出现了大量精美的宫殿，吴王夫差的馆娃宫就是其中之一。

馆娃宫位于吴国的灵岩山上，是夫差专为越国美女西施建造的一座宫殿。

春秋战国时期，吴国和越国世代为敌，战事不断。前500年左右，吴王夫差依靠大臣伍子胥的计谋，在夫椒击败越王勾践，并在都城会稽附近的山上将勾践的残部包围。眼看大势将去，越王勾践听从大臣范蠡的建议，派文种向夫差求和，表示自己愿意臣服。吴王夫差看到越王低三下四的样子，内心异常满足，于是就想答应越国的请求，不料遭到了伍子胥的反对。伍子胥认为勾践懂得施恩于人、能够笼络民心，如果现

《范蠡像》（近现代）张大千

范蠡，春秋时期著名的政治家、军事家。扶助越王勾践复国。晚年隐退于宋国陶丘，自号『陶朱公』。

在放过他，将来一旦越国复兴，吴国一定会吃大亏。夫差听了伍子胥的话，也觉得有道理，便拒绝了越国的求和。越王勾践见缓兵之计未能奏效，心里特别着急，以为这次要彻底输掉。在这紧要关头，又是范蠡挺身而出，让勾践走吴国太宰伯嚭的路子，并送了好多金银珠宝给伯嚭，请他帮忙在吴王面前讲情。靠伯嚭的帮忙，勾践终于免除了灭国之危，但自己也不得不随夫差一起到回到吴国，为夫差当起了马夫。

勾践在吴国的日子里，一直惦记着振兴国家的大业，他每天卧薪尝胆，提醒自己不忘亡国之耻。待情况稍有好转，他便派范蠡回越国搜罗美女和各种珍宝，献给吴王。范蠡带着勾践的重托来到苎萝山脚下，听说浣纱溪畔有个叫西施的姑娘，长得太美丽了，连河里的鱼见到她都羞得躲到水下去了。当范蠡见到西施，也不由得为她的美貌所动，知道越国复国的希望就在她的身上了。

范蠡带着西施来到吴国，后者迅速获得了夫差的宠信。一生金戈铁马的夫差这才发现，这个温柔美丽的女人更能让他着迷，他几乎愿意为她做一切事情。在西施的劝说下，他不顾伍子胥的反对，放走了勾践这只随时在窥伺自己、随时蓄势待发的"老虎"。为了让西施开心，他开始在灵岩山修建那座让他亡国的馆娃宫。修建馆娃宫是一件劳民伤财的事情，所谓"三年聚材，五年乃成"。据说在运输建设馆娃宫所需的材料时，宽阔的河道都被源源而下的木材堵塞了，"积木塞渎"的成语由此而来。

规模庞大的馆娃宫终于建成了，这座富丽堂皇的宫殿由天下的奇珍异宝装饰着，种满了来自各地的奇花异草。在宫殿之外，猎场、鱼塘、游水场、荡舟场等设施应有尽有，夫差和西施在此享尽天下乐事，对越王的复国举措视而不见，对危险的临近也没有一丝一毫的察觉。为了增加馆娃宫的浪漫氛围，夫差还让人把馆娃宫长廊的地下挖空，在里边埋了许多大缸，然后再在上边铺上梓木地板。每当西施穿着木屐从上面走过时，幽静的长廊便会发出清脆悦耳的声音，于是才有了"响屐廊"的名字。在醉人的木屐声中，西施与被范蠡收买的伯嚭两面夹击，终于让夫差杀掉了唯一清醒的伍子胥，扫除了越国复国的最后一个障碍。

西施在馆娃宫中小心翼翼应付夫差的同时，她还想念遥远的越国。夫差看出了西施的思乡之情，于是下令扩建姑苏台。扩建后的姑苏台高300多丈、宽84丈，西施可以登台远眺家乡。

前473年，休养生息多年的越王勾践出兵攻打吴国，吴王夫差在越国渐渐逼近的马蹄声中拔剑自刎，而装饰精美的馆娃宫也完成了它的历史使命，在越王勾践的一把大火中烧成灰烬。

西施像
选自《百美新咏图传》清刊本 （清）王翙

西施，子姓，施氏，本名施夷光，春秋时期越国美女，后人尊称其"西子"，与后世王昭君、貂蝉、杨玉环并称"中国古代四大美女"。四大美女享有"沉鱼落雁之容，闭月羞花之貌"的美誉。其中"沉鱼"就是讲西施在河边浣纱时，鱼儿看见其倒影之美竟忘记了游水而沉到河底。

咸阳宫中的刺客

战国后期，诸侯国间争夺霸权的战争越来越频繁，在战争中，一些弱小的国家相继灭亡，强大的国家更加强大，逐渐形成了秦、韩、赵、魏、楚、燕、齐7个大国，这就是战国七雄。为了争得更大的利益，战国七雄之间也经常发生争斗，往往各有胜负。到战国末期，秦国成为军事实力最强的国家，开始具备了统一全国的能力。前247年，秦庄襄王的儿子嬴政在咸阳宫登基。登基之初，嬴政并没有完全掌权，很多朝政都由宰相吕不韦控制。后来经过一系列宫廷斗争，他终于根除了吕不韦的势力影响，确立了至高无上的地位。王位坐稳的秦王嬴政在威严的咸阳宫稍作休整后，便下令出征，开始了吞并其他六国的艰苦战争。

秦国的统一之战首先攻打的是实力相对较弱的韩国。前230年，秦王出兵攻打韩国，很快便将韩国全境吞并。之后，秦军又先后灭掉了魏国和赵国。赵国灭亡后，秦国的下一个目标指向燕国，燕国的太子丹为了扭转被灭国的命运，决心找寻刺客刺杀秦王阻止秦国入侵。

为了找到最勇猛的刺客，太子丹开始遍访高人，后来有个叫田光的人向他推荐了卫国人荆轲。荆轲从小喜欢读书，剑术娴熟，后来游历到燕国定居下来。在燕国，荆轲与名士高渐离成了最好的朋友，经常在一起击筑喝酒。听了田光的介绍，太子丹认为荆轲是刺杀秦王的最佳人选，于是亲自去拜访他，声称想找一个刺杀秦王的壮士，问荆轲敢不敢去。一开始荆轲以难当大任为由，拒绝了太子丹的请求，后来见太子丹刺秦的决心很坚定，才答应下来。此后，太子丹找人天天尽心服侍荆轲，只等他启程刺杀秦王。但是很多天过去了，他依然没有动身的意思。太子丹很

荆轲像
选自《历代画像传》清刊本 （清）丁善长

荆轲喜欢游历天下，结交四方名士豪杰。秦王灭韩、赵二国后，向燕国边境压去。燕太子丹请荆轲以燕使者身份，以投降归顺为名，刺杀秦王，最终却失败被杀。

着急，就问荆轲什么时候能起程。荆轲说："现在我都已经准备好了，只差两件礼物，要不根本不可能接近秦王。"太子丹忙问是什么礼物，荆轲说："一个是燕国督亢的地图，只有告诉秦王要把这个地方献给他，秦王才会见我。另一个就是樊於期的人头，他与秦王有仇，有了他的人头才会获得秦王的信任。"太子丹听了荆轲的话，非常为难，樊於期是因为得罪了秦王才投奔燕国的，把他杀了于情于理都不合适。樊於期听到这个消息，说："我与秦王有仇，只要能杀了他，死了也值得。"说完便拔剑自刎而死。太子丹看到樊於期已经死去，大哭一场，把樊於期的脑袋装在一个木箱里，和督亢的地图一起给了荆轲。

荆轲带着太子丹找的另一位勇士秦舞阳从燕国出发，渡过易水河，前往秦都咸阳。荆轲与秦舞阳到了咸阳，马上让人传消息给秦王嬴政。秦王听说燕国派使者来割地求和，而且把樊於期的人头也送来了，心里非常高兴，立刻命人传荆轲进咸阳宫献礼。荆轲和秦舞阳手捧木盒走进宫殿，秦舞阳环顾四周，看到的是咸阳宫里戒备森严，座位上的秦王不怒而威，让人不寒而栗。被这气势慑住的秦舞阳顿时吓得脸色发白，双腿颤抖。荆轲见状，笑着对秦王说："他是小地方来的粗人，没见过这样的场面，秦王不要怪罪。"说着，他已走向秦王的座位旁边。荆轲先把樊於期的人头献上，然后放下图轴，一边打开，一边假装要把燕国督亢的地图指给秦王看。当图轴展开，露出一把闪着寒光的匕首。荆轲抓起匕首，纵身奋力向秦王刺去，秦王闪身躲过，围着柱子便跑，二人便在咸阳殿上转起圈来。秦王和荆轲在殿中厮打的时候，殿下的秦舞阳早被武士砍成了肉酱。但是没有人敢去殿上帮助秦王，因为秦王规定任何人都要经宣召才能上殿。这时候荆轲已经拉到了秦王的袖子，挥手又要刺他。殿下一个御医急中生智，把药箱扔向荆轲，刚好打在荆轲的手臂上，匕首没刺中。危急关头，赵高提醒秦王赶紧拔出腰上的剑。这时秦

秦始皇像
（清）佚名

秦始皇（前259—前210年），嬴姓，名政，秦庄襄王之子，结束战国割据混战的局面，统一六国，建立了我国历史上首个多民族的中央集权国家，首个使用「皇帝」称号的君主，自称「始皇帝」。在位39年，建立郡县制，统一度量衡，奠定中国封建政治制度的基本格局，被时代思想家李贽誉为「千古一帝」。

王才想起自己还带着宝剑。于是，趁着荆轲被药箱打中，他拔出剑，一挥手，砍掉了荆轲的一条腿。荆轲腿受伤不能动弹，奋力把匕首向秦王掷出，但还是没有碰到秦王。空着手的荆轲已经无法抵抗，一眨眼，他被秦王捅了好几剑，倒在地上，再也没有爬起来。

躲过了荆轲的刺杀，秦王嬴政大怒，当即下令攻打燕国。燕国抵挡不住秦国的攻势，一败再败，燕王喜和太子丹被逼得逃往了辽东。后来，在秦王的威胁下，燕王喜不得不杀了太子丹，向秦国请罪求和。

燕国最终还是没能逃脱被秦国吞并的命运，前222年，包括督亢在内的燕国领土被并入秦国版图。

蜀山兀，阿房出

"六王毕，四海一；蜀山兀，阿房出。覆压三百余里，隔离天日。骊山北构而西折，直走咸阳。二川溶溶，流入宫墙。五步一楼，十步一阁；廊腰缦回，檐牙高啄；各抱地势，钩心斗角。盘盘焉，囷囷焉，蜂房水涡，矗不知其几千万落！长桥卧波，未云何龙？复道行空，不霁何虹？高低冥迷，不知西东。歌台暖响，春光融融；舞殿冷袖，风雨凄凄。一日之内，一宫之间，而气候不齐。

"妃嫔媵嫱，王子皇孙，辞楼下殿，辇来于秦，朝歌夜弦，为秦宫人。明星荧荧，开妆镜也；绿云扰扰，梳晓鬟也；渭流涨腻，弃脂水也；烟斜雾横，焚椒兰也。雷霆乍惊，宫车过也；辘辘远听，杳不知其所之也。一肌一容，尽态极妍，缦立远视，而望幸焉；有不得见者，三十六年……"

上面这两段节选自唐代著名诗人杜牧的名篇《阿房宫赋》，杜牧写这首赋的动机是警示当时的统治者吸取教训，不要重蹈秦始皇骄奢亡国的覆辙。从这篇赋中，我们大概可以领略到阿房宫的雄伟与壮丽。

阿房宫是秦统一六国后建造的一座超豪华宫殿，它的主人就是荆轲未能刺死的秦王嬴政，也即统一六国后的秦始皇。秦始皇修建豪华宫殿的构想，就是在平定六国的过程中诞生的。当时，每灭一个国家，秦始皇都让人画出那个国家的宫殿地图，带回秦都咸阳，供他参考，以便日后

万里长城 选自《燕京胜迹》 收藏于国家图书馆

修建新的宫殿。统一中国的战争结束后，秦始皇不顾连年征战给百姓带来的痛苦，立即开始了无尽的工程建设。前212年，一项以阿房宫为主的大型宫殿群拉开了建造的序幕。建造这些宫殿时，光是使用的民工就达数十万人，消耗的材料更是不计其数。据说为了采集所需的木材，蜀山上的树木全部被砍伐，此即"蜀山兀，阿房出"的由来。秦始皇的阿房宫建筑群共占地近300余里，有700多座宫室。阿房宫西起咸阳，东至临潼，渭水和樊水在宫殿之间流过，两条河的上面还建造了许多风格各异的桥梁，整个宫殿宛如人间仙境一般。出于用途的不同，阿房宫又分为朝宫和后宫两部分，朝宫东西宽500步、南北宽50丈，里边可以同时容得下一万多人生活。与朝宫相比，后宫的规模更大，建筑也更精美。这里五步一楼，十步一阁，房屋的稠密程度用鳞次栉比来形容一点都不夸张。

阿房宫建成后，秦始皇在里边度过了短暂的快乐时光。他把从六国

抢来的美女都安置在宫里不同的房间，每天都在不同的房间里睡觉，轮流宠幸这些妃子。因为阿房宫的工程量太大，直到他去世都没有全部建完。

除了修建阿房宫外，秦始皇还征集了几十万人开山采石、建窑烧砖，在靠近北方边境附近修筑万里长城，西起甘肃临洮，东至辽东山海关。与此同时，他还倾全部国力为自己修建陵墓秦始皇陵建在骊山，墓室高50余丈，周长5里多，里边画有天穹和日月星辰，还有水银做成的江海湖泊等地面上的一切。为了保卫这座陵墓，

《阿房宫图》卷（局部）
（宋）赵伯驹　收藏于爱尔兰都柏林切斯特·比替图书馆

纵49.2厘米，横1050.5厘米。阿房宫被誉为『天下第一宫』，是秦修建的宫殿建筑群，纵观全画，不难发现它的选址以及建筑布局都具有很强的轴线意识。阿房宫的修建工程浩大，直到秦始皇去世时，都尚未竣工。赵伯驹画的阿房宫隐匿在群山绿水中间，屋宇错落有致，在天然地貌上凿石修假山，种植花草，搭建通行桥梁。整个建筑与自然相互融合，体现了古人『天人合一』的思想。

秦始皇兵马俑

兵马俑是秦始皇陵陪葬品的一部分,由各类身份的陶俑、陶马及战车组成。

武士

兵马俑

队列

软帽武士

软帽武士

秦始皇还命人建造了随葬的兵马俑坑，俑坑里的兵马战车与实物相仿，栩栩如生，是不可多得的艺术珍品。长城、骊山墓和阿房宫这三项规模宏大的建筑耗资巨大，给国家造成了沉重的负担，让百姓苦不堪言。当阿房宫华丽的宫墙矗立起来的时候，秦王朝的根基就已彻底动摇。

关于秦始皇修建阿房宫，《史记·秦始皇本纪》《汉书·贾山传》《水经注·渭水》《三辅旧事》《三辅黄图》等都有记述，其中以《史记》所记最为翔实，书中载："始皇以为咸阳人多，先王之宫廷小……乃营作朝宫渭南上林苑中。先作前殿阿房，东西五百步，南北五十丈，上可以坐万人，下可以建五丈旗。周驰为阁道，自殿下直抵南山。表南山之巅以为阙。为复道，自阿房渡渭，属之咸阳，以象天极阁道绝汉抵营室也……"

后人每每谈及阿房宫的情况，大多都以此为依据。

相关链接

遥远的"都"

中国建"都"有极悠久的历史,据说炎帝就曾经建都于陈(即今天的河南淮阳),后又移都曲阜。同样迁都于曲阜的还有黄帝,迁徙曲阜之前,黄帝先在穷桑建都。穷桑是上古时期做"都"较多的地方,除炎、黄二帝外,颛顼也有过迁居于此地的经历。不过颛顼也没在穷桑久留,他后来迁到了位于今天河南濮阳西南的帝丘。之后,尧在平阳建都,舜在蒲坂建都,禹在阳城建都。当然,这时的"都"与后来的都城还不是一个概念,所谓"都"更多的是指聚集、生活在一起。

到夏代时,终于出现了类似于现在人们所说的"都城"。禹的儿子启建立起中国第一个奴隶制国家夏后,建立了军队,制定了刑法,修建了城墙和监狱,开始了"都城"的建设。现在人们发现的位于河南偃师西南的二里头遗址被很多人认为是夏代最后一个帝王夏桀的都邑,这里出土的遗址既有宫殿建筑的基址,也有民居作坊等建筑遗址,已经具备了现代都城的雏形。

夏朝后面的商朝是都城建设逐渐成熟的时期,商先建都于亳(今河南商丘),后又五次迁都,最后在"殷"(今河南安阳小屯)定居下来。殷成为商都后,形成了一座占地面积约24平方公里的大型都城,其东西六公里、南北四公里,分有宫殿区、王陵区、一般墓葬区、手工业作坊区、平民居住区和奴隶居住区。殷都是名副其实的繁华古都,城市布局合理,建筑规模宏大。

商灭亡之后,周朝建立。周的都城起先设在丰京,后来移

041

黄帝像
选自《帝王道统万年图》册　（明）仇英
收藏于中国台北「故宫博物院」

黄帝为三皇中的地皇，是华夏族部落联盟的首领，因统一了中华民族而被尊为中华民族的始祖。相传古代帝王尧、舜、禹及夏、商、周三代首领均为黄帝的后裔。他是少典之子，本姓公孙，因长居姬水，所以改姓姬，居轩辕之丘（在今河南新郑西北），故号轩辕氏，建都于有熊（今河南新郑），亦称有熊氏，因有土德之瑞，故号黄帝。有嫘祖、嫫母等4位夫人。有后世学者认为黄帝时代是中国远古史上大洪水发生以前最强盛的时代。

《炎帝像》

（清）徐扬

炎帝又称赤帝、烈山氏，名石年，相传他牛头人身，是以羊为图腾的氏族的首领。炎帝和黄帝起源于陕西省中部渭河流域的两个血缘关系相近的部落。后来，这两个部落为争夺领地展开阪泉之战，黄帝打败了炎帝，两个部落渐渐融合成了华夏族。华夏族在汉朝以后被称为汉人，唐朝以后又被称为唐人。炎帝和黄帝也是中国文化的始祖，传说他们以及他们的臣子、后代创造了上古时期几乎所有的重要发明。

颛顼高阳氏像

选自《历代帝王圣贤名臣大儒遗像》册 （清）佚名
收藏于法国国家图书馆

黄帝之孙，中国上古部落首领，五帝之一。其15岁时被少昊封地高阳，因此被称为高阳氏。少昊逝世后即位，带领部落打败共工氏，后迁都到帝丘（今河南濮阳）。

至了镐京，这时的周朝史称西周。前770年，周平王又把都城迁到了洛邑，是为东周。周都城遗址尚未被大规模发现。现在人们只能从一些相关文献中了解它的城镇体系，《考工记》中说，周都洛邑"方九里，旁三门，国中九经九纬，经涂九轨，左祖右社，前朝后市，市朝一夫"。由此可见，这时的都城已经形成了左祖右社、前朝后市的建筑理念，以后的都城也大多循此理念而设。

周是一个奴隶制国家，疆域辽阔，实行诸侯分封政策，把国家的土地分给亲属和功臣，让他们各自管理自己的领地。东周时期，皇族势力衰落，诸侯国势力扩张，一些大诸侯国不再受周控制，这就是春秋战国时期。这一时期诸侯国之间为了权力和利益的战争不断，较强的诸侯国通过武力吞并较弱的国家，使得自己领土不断扩大、实力不断壮大，都城规模也越来越大。咸阳（秦都）、临淄（齐都）和邯郸（赵都）是战国时最繁华的都城。

蕲春毛家咀遗址西周干栏式建筑模型

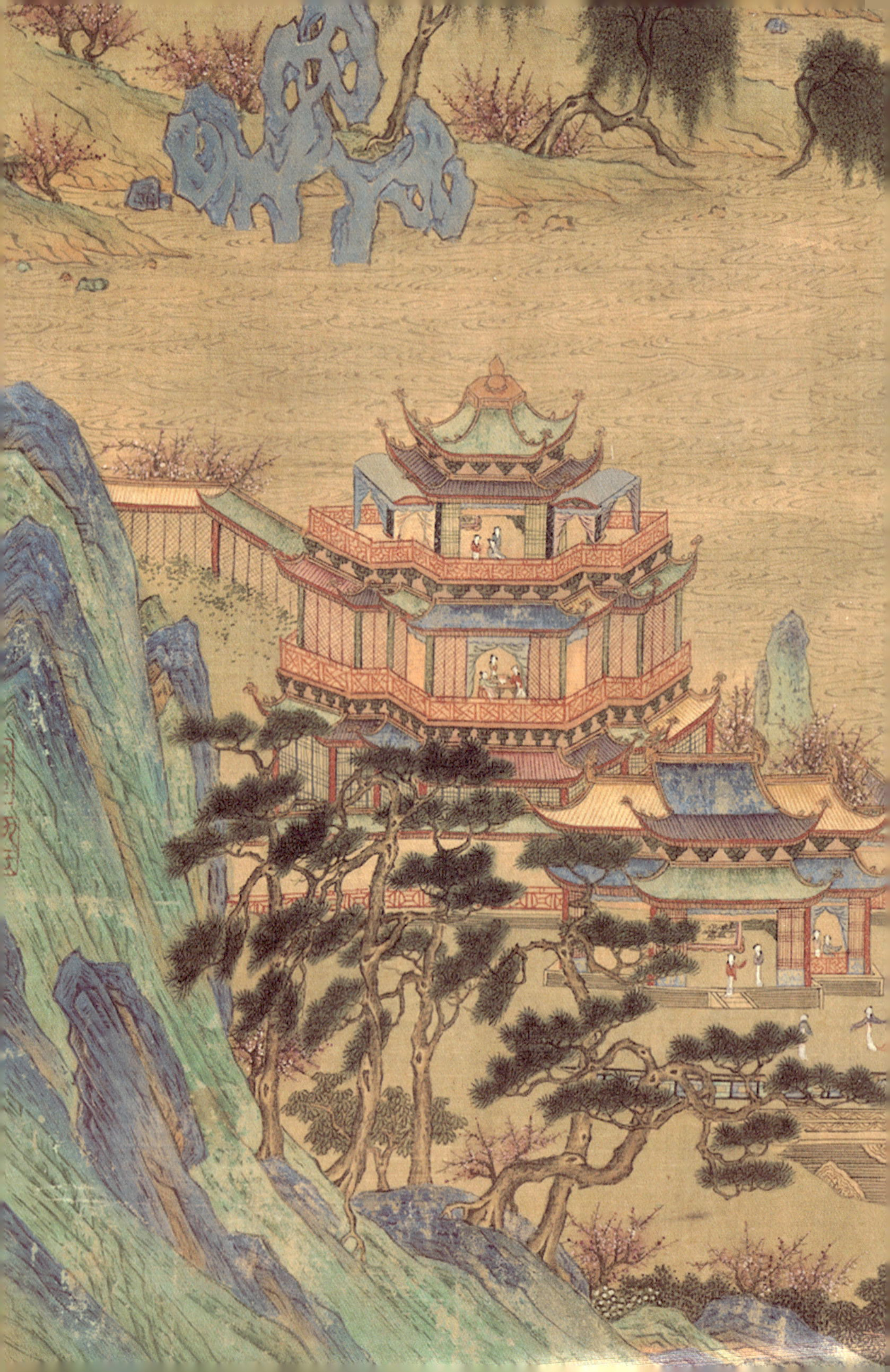

第二章 西汉至北宋的雄风与幽怨

韩信命断未央宫

阿房宫虽然金碧辉煌，却没能保存下来。据说当年项羽进咸阳时，对秦始皇修建这座宫殿深恶痛绝，一把火将其烧为灰烬。后来，刘邦建立西汉，由于咸阳被项羽所毁，便在咸阳城之南，重建都城，是为长安。从此，未央宫和长乐宫开始走上中国历史的舞台。

未央宫是汉朝丞相萧何监制的豪华宫殿，用以衬托刘邦的威严，它是刘邦朝见群臣的地方。未央宫在长安城的西南角，所以又称"西宫"。未央宫的主要建筑有前殿、宣室殿、温室殿、清凉殿、麒麟殿、金华殿和承明殿等40多座宫殿楼阁，其中前殿最为宏伟。未央宫前殿坐落在一个南北长350米、东西宽200米的基座上，这个基座也并非人力取土夯就，而是巧妙地利用了龙首山的丘陵——当时的人们先平整丘陵，然后再在上边建宫，可谓省工省力。

未央宫是西汉的皇宫，在这里发生过很多重要的历史事件，戏曲里演绎吕后诱杀韩信也被安排在未央宫中，虽然据《史记》载是长乐宫钟室。

韩信是汉初著名的军事家。前206年，多次投军未得重用的他得到了萧何的赏识，被推荐给刘邦，拜为大将。韩信投靠刘邦后，率军四处征战，为刘邦夺得天下立下了汗马功劳，被封为齐王。刘邦建立汉朝后，韩信又被封为楚王，和他并肩作战的英布则被封为淮南王，彭越被封为梁王，大家都十分高兴。从表面上看，刘邦大封功臣，好像义气十足，其实他的内心是非常担忧的。他怕这些手握军权的异姓王爷有一天势力扩大，威胁到自己的王位。政权稳定后，刘邦开始全面清洗，功劳最大、能力最强的韩信成为第一个被针对的对象。

刘邦像
选自《历代帝王圣贤名臣大儒遗像》册 （清）佚名 收藏于法国国家图书馆
汉朝的开国皇帝。秦末起义，在项羽的"鸿门宴"中被封为汉王，分封到巴蜀一带。后在楚汉大战中战胜项羽，统一了天下。定都长安，史称西汉。

项羽像

[日]佚名 收藏于美国洛杉矶县立艺术博物馆

项羽,名籍,字羽,秦末著名政治家、军事家,楚国名将项燕之孙,号称西楚霸王,中国历史上最勇猛的武将之一。在秦君的暴政之下,毅然起义,秦亡之后,项羽与刘邦等人开始争夺天下,最后在垓下决战败后突围至乌江边,因"无颜见江东父老"不肯渡过乌江逃生,力杀汉军数百人后,自刎而死。

　　为了除掉韩信,刘邦开始了缜密的行动。他听从谋士陈平的计策,声称要到楚国的云梦泽巡游,带兵来到韩信的封地,准备伺机除掉这个功高盖主的功臣。韩信得知刘邦带兵到来的消息后,知道刘邦起了疑心,但他认为自己对汉室立有奇功,刘邦不会对他下黑手。他知道刘邦素来痛恨自己的手下钟离眜,于是砍掉钟离眜的人头送给刘邦以自保。不料刚到了刘邦的行营,他就被绑了起来。后来虽然没有丢掉性命,但也不能再做楚王,被贬为实权较少的淮阴侯。韩信被贬不久,大将陈豨勾结匈奴造反,刘邦亲自带兵平叛,韩信被留在京城。刘邦走后,深知刘邦

《画长信宫词图》
(明) 仇英 收藏于中国台北「故宫博物院」
横66.5厘米，纵37.7厘米。汉代三宫：长乐宫、未央宫、建章宫。长信宫，是汉代长乐宫建筑群中最重要的建筑。

韩信乞食漂母图
选自《人物》册页 （明）郭诩
收藏于上海博物馆

韩信，秦末参加起义军，投奔项羽，西汉开国元老，中国历史上杰出的军事家，与萧何、张良并列为「汉初三杰」。韩信是中国军事思想「谋战」派的代表，被萧何誉为「国士无双」。被后人奉为「兵仙」「战神」。「王侯将相」，韩信一人全任。

心思的皇后吕雉与丞相萧何决定乘机除掉韩信。于是，萧何利用韩信对他的信任，谎称有事请韩信进宫议事。不明所以的韩信进宫后即被武士拿下，并被冠以谋反的罪名，最终被杀。

刘邦平叛回朝后听到了韩信的死讯，早有此意的刘邦虽然没有对此行为公开表示赞赏，但心里异常高兴。韩信已死，压在他心头一块最大的石头被移除了。

汉代未央宫东阁瓦砚

文房四宝之一，砚台。

阿娇的金屋

广为流传的金屋藏娇的故事也发生在未央宫,故事的主人公是汉武帝刘彻和后来成为皇后的陈阿娇。

汉武帝刘彻是中国历史上著名的皇帝之一,也是汉景帝刘启的第10子。他4岁时就受封胶东王,7岁时被立为太子,16岁即登上了皇位。他在位期间采取了一系列加强中央集权的措施:坚持削弱诸侯权力,强制执行"推恩令",促使诸侯封地被反复分割,减少了诸侯对中央政府的威胁;改变了汉代之前对少数民族的绥靖政策,实施了积极进取的军事战略;接连发动多次对匈奴的战争,稳定了北方边疆。除此之外,汉武帝刘彻还出兵消灭了南越的割据政权,加强了汉族与少数民族的交流。另外他还两次派张骞出使西域,打开了丝绸之路的大门,加强了汉朝与世界各地的经济往来。从继位到去世,刘彻一共在位54年,这段时期是汉朝最强盛的时期。

汉武帝刘彻和阿娇的故事发生在他的幼年时期，当时刘彻还只是一个普通皇子，太子是他的哥哥刘荣。刘荣的母亲是栗姬，因为儿子做了太子，架子就有些大了。景帝的姐姐长公主是一个很有本事的女人，她平时说的话景帝都会放在心上。长公主有个女儿，名叫阿娇，是公主和驸马最心爱的宝贝。刘荣被立为太子后，长公主想把阿娇许配给他，为的是将来有一天女儿能做皇后。不料栗姬听到这话时并不领情，竟拒绝了长公主的请求。长公主随即勃然大怒，发誓让刘荣做不成太子。于是，长公主盯上了聪明伶俐的刘彻。有一次，刘彻和阿娇一起在景帝和长公主面前游戏，长公主问刘彻想不想要媳妇，刘彻点头说想要。长公主指着皇帝身边的近百名宫女，问刘彻想让谁做他的媳妇，刘彻一律摇头。后来，长公主把她的女儿拉过来，问刘彻阿娇可不可以。刘彻当时便高兴地说："若得阿娇做妇，当作金屋贮之。"一句话把景帝逗笑了，长公主也悄悄地记在了心上。

此后，长公主便有意无意地在景帝面前说栗姬的坏话，使景帝对栗姬慢慢产生了偏见。正好在这时，有人上书请立栗姬为后，景帝认为是栗姬在其中捣鬼，心中很是不满，不仅没立她为后，甚至就连刘荣的太子之位也一并被废掉。由此，刘彻因"金屋藏娇"的许诺，接替刘荣成了太子。

刘彻做了太子后，不喜欢他的太皇太后经常从中作梗，想把刘彻拉下来，多亏长公主从中斡旋，才好几次转危为安。为了回报长公主，也是出于对阿娇的喜欢，刘彻刚刚懂事时，便在未央宫里一间装饰得金碧辉煌的漂亮宫殿，娶了阿娇为妻让她成为太子妃，真正实现了金屋藏娇的愿望。

阿娇当上太子妃后不久，刘彻便做了皇上，成为人人敬仰的武帝，阿娇也如愿以偿地成为皇后。此后二人恩恩爱爱，尽享金屋之乐。可是

054

《仿仇英〈汉官春晓图〉》卷

（清）丁观鹏　收藏于中国台北「故宫博物院」

画作描绘的是汉代宫廷女性在初春时节的日常。

汉武帝像

选自《帝王道统万年图》册 （明）仇英

收藏于中国台北「故宫博物院」

汉武帝刘彻，16岁登基，在位54年，开创了西汉王朝最鼎盛的时期。汉武帝开拓疆土，击退匈奴，征服大宛等，使中华疆域进一步扩大。

时间久了，武帝刘彻慢慢发现了问题：作为妻子，阿娇的性格过于骄纵任性；更重要的是，阿娇的肚子一直没有大起来，这也就意味着她不能生育，而对于一个皇帝来说，这简直是要命的事情。于是，刘彻开始慢慢疏远阿娇。后来由于一个偶然的机会，刘彻见到了留着长发的卫子夫，一下子爱上了这位出身微贱却温柔体贴的美女，便将她迎进宫来。卫子夫进宫后也十分争气，一口气生了3个女儿和1个儿子，这让已经当了多年皇帝却一直无子的刘彻欣喜不已。后来，卫子夫的儿子被立为太子，被冷落的阿娇觉得很失落，便请巫师进宫作法，想诅咒卫子夫和太子死掉。刘彻知道此事后极为震怒，立刻废了阿娇，并把她发配到了远离皇宫的长门宫，同时改立卫子夫为后。从辉煌的金屋一下子换到寂寞的冷宫，陈阿娇心情沉重，后悔不迭。为了表明自己对武帝刘彻的思念，她专门请了当时的才子司马相如写了一篇《长门赋》，然后托人转交给刘彻。刘彻读到其中"魂逾佚而不反兮，形枯槁而独居"的句子时，内心被深深地触动了，因此将阿娇重新接回金屋，二人言归于好。

曾经在金屋受尽恩宠的阿娇终于又回到了阔别已久的皇宫，可是，她再也感受不到曾经的温暖。此时的汉武帝刘彻早已忘记了当初金屋藏娇的承诺，陪伴阿娇的只能是日日夜夜寂寞的宫灯。

芙蓉馆中的悲喜剧

芙蓉馆是建在建章宫太液池旁的一座别馆，因太液池盛开的荷花而得名。太液池是西汉时期皇宫中最大的池苑，位于建章宫北面，池中有人工建造的3个小岛：蓬莱、方丈、瀛洲。在这3个小岛的上边，错落有致地分布着一座座精致的亭台楼阁，这些精美的建筑与水中的景色相映生辉，宛如仙境。

极尽华丽的建章宫始建于汉武帝太初元年，那年，未央宫里的柏梁台失火，意外被焚，宫中的巫祝声称，宫中起火是因为得罪了火神，为此必须重建一座更大的宫殿才行。汉武帝迷信鬼神，便拿出银子，在未央宫西面的上林苑内建造建章宫。除了北边的太液池外，最著名的建筑还有南边的神明台和井干楼等。

从汉武帝造建章宫开始，芙蓉馆便成了专门接待入宫备选美女的地方。一般情况下，各地选出的佳丽都要在这里先学习宫中礼仪，然后由宫廷画师一一为她们画像，再献给皇帝过目。只有被皇帝亲自挑选的人才有资格做妃子，等待召幸。而太液池之所以被如此命名，也蕴含着等待皇帝恩雨滋润的寓意。

照例，这一年的春天，又一批从各个地方选来的民间女子被送到这里，来自楚地的王昭君就是其中之一。

王昭君又名王嫱，是一位多才多艺、受过良好教育的贤惠女子。住到芙蓉馆后，昭君抑制住自己的好奇心，只等着画师的到来。当时为汉元帝画像的宫廷画师名叫毛延寿，擅长画人物，由他负责为这些待选女子画像。让王昭君没想到的是，这个毛延寿竟然只认钱不认人，如果哪位宫女给他钱，他就把她画得漂亮一点，否则他就故意画丑。对自己外貌相当自信的王昭君，因为不愿意拿钱贿赂，被毛延寿画成了一个相貌

太液池
选自《唐土名胜图会》〔日〕冈田玉山等／编绘
收藏于日本早稻田大学图书馆
太液池是唐代皇家池苑，位于长安城大明宫内，是皇帝游乐的胜地。

《蓬瀛仙馆图》
（宋）佚名　收藏于北京故宫博物院
纵 26.4 厘米，横 27.9 厘米。

平庸的女子，当然没得到皇上的钦点，只能默默地在芙蓉馆中充任宫女，一晃数载。

几年后，适逢匈奴首领呼韩邪单于到长安觐见元帝，向汉元帝表达与汉朝和睦相处的想法，并提出了和亲的要求，说白了就是请求找个汉朝的公主当媳妇。对于这个有利于两国友好的要求，汉元帝当即答应，但他不想将自己的女儿远嫁匈奴。想来想去，他决定选一名宫女给他。于是汉元帝传下话去，说宫中有谁愿意到匈奴和亲，就把她当公主来看待。已在宫中待得心灰意懒的王昭君得知消息后，当即表示愿意前往。于是，经过一番烦琐的程序，王昭君与呼韩邪单于在长安正式完婚。大婚之日，年过半百的单于看到昭君如此美貌，对汉元帝的感激之情不言而喻。

王昭君像　选自《古代美人图二十幅》绘本　（清）周培春

呼韩邪单于和王昭君成亲不久，便准备返回草原。临走之时，夫妻俩身着新装，进宫向汉元帝辞行。看到昭君，汉元帝不禁吃了一惊，他没想到身边竟有这样一位绝色女子。更不可思议的是，这样美的女子竟被他许给了别人。元帝看到王昭君的美貌，很想留下她，可是后悔也来不及了。送走单于和昭君，元帝马上把昭君的画像拿出来，发现画像上的女子姿色平平，和王昭君差得太远。元帝这才意识到自己被毛延寿所误，当即下令逮捕毛延寿并将其斩首。

毛延寿为贪小利而丧命，自有过错，怪不得别人。王昭君虽然因此错失皇上的宠幸，却身负更为崇高的使命。昭君嫁入匈奴后，与呼韩邪单于相敬如宾。第二年，王昭君就生下了两人的儿子，呼韩邪单于为儿子取名为伊屠智伢师，这个匈奴与汉人共同的孩子后来成了右日逐王。

昭君远嫁的几十年间，汉朝和匈奴之间的关系出现了和缓，没有发生过战争。这想必是对远嫁塞外、"天涯去不归"的王昭君最大的安慰。

开在皇宫里的店肆

公元 9 年，外戚王莽篡夺了刘邦建立的西汉政权，建立了新朝；公元 25 年，刘秀推翻王莽，恢复了汉室江山，史称东汉。不像西汉的景帝、武帝等，东汉除了光武帝刘秀，很少有在历史上留下响亮名字的皇帝。但也有例外，如汉灵帝刘宏在历史上就非常有名。然而，刘宏的出名并不是因为他有多聪明，而是因为他的荒谬，所以说这个名声其实是个骂名。

灵帝刘宏是汉章帝的玄孙，河间孝王刘开曾孙，解渎亭侯刘苌的儿子。永康元年（167 年），无子的汉桓帝驾崩，有着皇室血统的刘宏凭借着皇室血统被太后窦氏和窦氏的父亲城门校尉窦武立为皇帝，开始了长达 22 年的荒淫统治。或许是因为宫外的出身，年仅 12 岁就登基的刘宏一直感到孤独，他的行为也特别古怪荒谬。据说汉灵帝从来不热衷朝政，只顾纵情享乐，把朝中大权交与宦官赵忠和张让。他常常在西园游乐场与一班无赖子弟逗狗，他们给狗佩戴上文官的帽子，让很多官员感觉受到了侮辱，暗地里相当不满。汉灵帝为了取乐，还经常让宦官模仿驴叫，叫声响亮的会受到表彰。他还命人在皇城内修建鸡鸣堂，养了很多只鸡。每当晨曦初露，宦官们就和鸡一起鸣叫，能博得他一笑的即有赏赐。为了满足自己的情欲，汉灵帝专门在西园修建了裸游馆。每到仲夏，他就来这里消暑作乐，设宴与众嫔妃饮酒作乐。他喝醉的时候会命令所有的宫女脱掉上衣，只穿内衣嬉戏打闹，并让她们下水和自己在裸游馆中裸浴寻欢。每次裸浴后，汉灵帝就叫人把洗澡水倒入渠水中，并把它命名为流香渠，目送"流香渠"的流水东逝让他感到极为惬意。

除了上述"创举"外，汉灵帝还有一个在历史上赫赫有名的创举，那就是以皇帝的身份经商，开起了做买卖的店肆。

汉灵帝的店肆开在皇宫里，经营者和购买者皆为宫中嫔妃和宦官，汉灵帝则是这家店肆的主人。为了让皇宫中的店肆更真实，汉灵帝不仅要

汉光武帝刘秀像
选自《历代帝王像》册 （清）姚文翰 收藏于美国纽约大都会艺术博物馆

东汉开国皇帝，王莽新朝末年起义夺权，因为是西汉汉景帝后裔，遂仍以"汉"为国号，史称"东汉"。

帝名秀，刘钦第三子，都洛阳在位三十三年

求宦官摆铺面、摆商品，还要求嫔妃、宫女穿上商人的衣服，站在不同的商品后面高声叫卖，按市场价买卖。汉灵帝作为开店的倡导者，经常在其间流连，看货砍价，不亦乐乎。有时汉灵帝亲自上阵，在站台上卖货，与购买货物的宫内太监讨价还价。因为他是皇帝，一般人不敢真正砍价，这使他的货物经常能卖出比别人高得多的价钱，收到的银两比任何人都多。对于这些银两，汉灵帝竟然毫不客气地都装进了自己的口袋。汉灵帝还煞有介事地设立"市场管理处"，特地请一位认真的宫人主管市场，有了纠纷便由她评判是非，并以她的裁决为准，无论谁都不许有异议。

汉灵帝在宫中设肆，主要目的可能只是为了取乐，虽说荒唐，但还说不上有多大的害处。令人难以置信的是，他后来真的做起了搜刮钱财的"商人"，而且做的是无本买卖，因为买卖的货物竟然是朝廷的官职。就在上文提到过的西园，他开办了一个可以买卖官位的地方，直接公开卖官。地方官一般比京官价格高一倍，县官则价格不一。求官的人可以估价投标，出价最高的人就可中标上任。除以上公开拍卖的方法外，他还根据官职的大小明码标价，年俸2000石的官职就标价2000万钱，年俸400石的官职就标价400万钱，可以给现钱，也可以先打欠条，到位后再双倍还款。

对于汉灵帝的荒唐行为，后人做过无数的评判，清朝的史梦兰写过这样一首诗：

> 西园裸馆郁嵯峨，
> 一曲招商傍晚歌。
> 明月初升入竞浴，
> 茵挥香散夜舒荷。

这首诗浪漫而富有情趣，但其中透露的信息却足以让人深省。

乾隆七年四月上丁製鳴奉
勅恭畫

《太平春市图》
（清）丁观鹏 收藏于中国台北"故宫博物院"

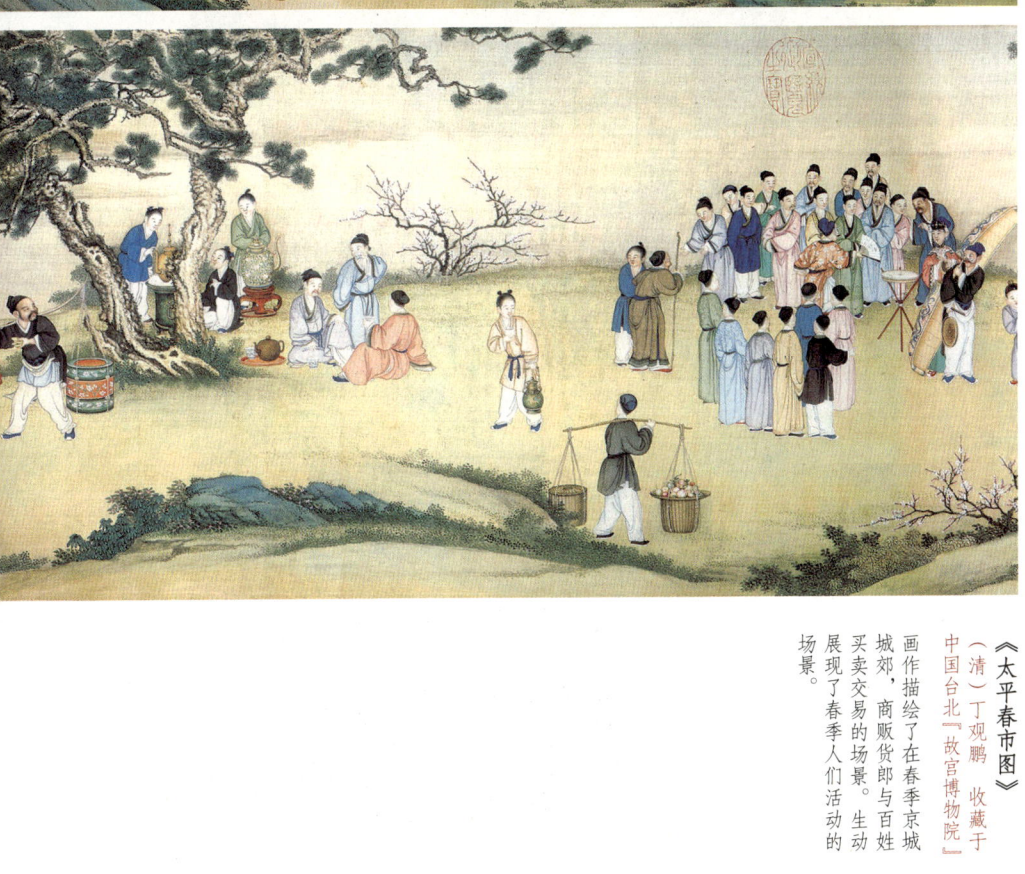

画作描绘了在春季京城城郊，商贩货郎与百姓买卖交易的场景。生动展现了春季人们活动的场景。

市井商业（一）

江南街景商贸图
选自《苏州市景商业图》册 （清）佚名 收藏于法国国家图书馆
画作展现了明末清初时期江南一带淳朴的民风，富饶的街市及美景。画面上有游商叫卖、商铺营业、有人劳作、有人宴饮雅集等场面。

市井商业（二）

锁不住二乔的铜雀台

做事荒唐的汉灵帝在宫中开起店肆，不但买卖货物，还卖官鬻爵，终于引发大乱。公元184年，黄巾军在张角的领导下于河北平乡拉起起义大旗。一些地方军阀在镇压黄巾起义的过程中，乘机招兵买马，扩大自己的势力。他们不再服从东汉皇帝的命令，相互兼并，东拼西杀。到公元200年左右，曹操、袁术和袁绍成为北方势力最强大的军事集团。很快，曹操挟天子以令诸侯，讨伐袁氏集团并取得了胜利，成为一时之冠，无人敢与之抗衡。高兴之余，曹操开始大兴土木，在邺城修建宫殿，以作为送给自己的奖赏。

一天，曹操正在与将士们商讨战事，忽然有人来报，说邺城附近的漳河边出现异象，有金光在闪。曹操得到消息，赶紧派人前去挖掘，挖了不到3尺，居然挖出一只栩栩如生的铜雀来。曹操认为铜雀是吉祥之兆，便调集工匠，让他们在挖出铜雀的地方建造"铜雀台"。铜雀台建造好以后，曹操又下令在铜雀台西边建了一座金凤台，在铜雀台东边修建了玉龙台，并用阁道式浮桥将金凤台和玉龙台连接起来。在这3座新建的高台中，以铜雀台最为辉煌壮观。铜雀台台上楼宇参差、飞檐翼出、雕梁画栋、气势恢宏，站在台下向上望去，如见天上宫阙。铜雀台落成典礼之日，曹操在台上大摆宴席招待大臣们。酒酣耳热之时，他慷慨陈词，抒发自己匡扶天下的决心和意志。当日，曹操之子曹植还得父亲授意，登台作赋一首，这就是流传千古的《铜雀台赋》：

从明后以嬉游兮，登层台以娱情。
见太府之广开兮，观圣德之所营。
建高门之嵯峨兮，浮双阙乎太清。
立中天之华观兮，连飞阁乎西城。
临漳水之长流兮，望园果之滋荣。
立双台于左右兮，有玉龙与金凤。
连二桥于东西兮，若长空之蝦蛛。
俯皇都之宏丽兮，瞰云霞之浮动。
欣群才之来萃兮，协飞熊之吉梦。
仰春风之和穆兮，听百鸟之悲鸣。
天云亘其既立兮，家愿得乎双逞。
扬仁化于宇宙兮，尽肃恭于上京。
唯桓文之为盛兮，岂足方乎圣明？

休矣美矣！惠泽远扬。

翼佐我皇家兮，宁彼四方。

同天地之规量兮，齐日月之辉光。

永贵尊而无极兮，等君寿于东皇。

御龙以遨游兮，回鸾驾而周章。

恩化及乎四海兮，嘉物阜而民康。

愿斯台之永固兮，乐终古而未央！

曹植的《铜雀台赋》写完后不久，曹操就开始了南下征战的历程，他一路追赶刘备，逼近荆州。当时占据荆州的刘表已经去世，他的儿子刘琮带领众人向曹操投降。借刘表之地栖身的刘备直接面对来自曹操的

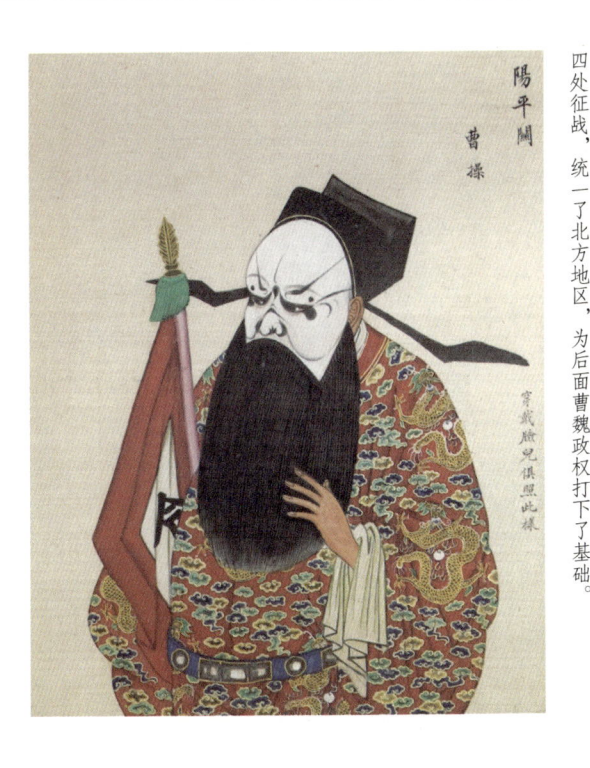

曹操京剧人物像

选自《百幅京剧人物图》册 （清）佚名 收藏于美国纽约大都会艺术博物馆

曹操（155—220年），字孟德，东汉末年的权臣，曹操以汉天子的名义，四处征战，统一了北方地区，为后面曹魏政权打下了基础。

威胁。在这紧要关头，诸葛亮审时度势，亲自跑到江东劝说孙策联合抗曹。

为突出刻画《三国演义》中诸葛亮足智多谋的形象，对蜀汉与东吴联盟的细节做了戏剧性的演绎。诸葛亮在东吴大臣鲁肃的陪同下，见到了在东吴手握重兵的都督周瑜。在周瑜的军帐里，诸葛亮说明了他的来意，周瑜听了以后，却说曹操名正气盛，师如天兵，势如破竹，即便是孙刘联合起来可能都抵挡不住。诸葛亮听到周瑜的这些话，不由得哈哈大笑，说既然都督不敢与曹兵作对，他自有打算，不费一兵一卒肯定能让曹兵不战而退。不明所以的鲁肃忙问是什么计策，诸葛亮为激怒周都督，故意将《铜雀台赋》中"连二桥于东西兮，若长空之蝃蛛"附会成"揽二乔于东南兮，乐朝夕亡与共"。说曹操在邺城漳河附近新建了一座铜雀台，听说那里正在搜寻天下的美女，只想着能把江东乔公的两个拥有绝世姿容的女儿——大乔和小乔揽到台中。现在都督只要把二乔送去，就一定能解得江东之围。

诸葛亮说这话的时候，周瑜已经变得怒不可遏了。原来大乔是孙权哥哥孙

周瑜像

选自《古圣贤像传略》清刊本 （清）顾沅/辑录，（清）孔莲卿/绘

周瑜，东汉末年军事家、政治家，字公瑾，庐江舒县（今安徽省庐江县西南）人。少时与孙策成为朋友，后协助孙策建立孙氏政权。孙策死后，他又辅佐孙权。建安十三年（208年），他和鲁肃率军与刘备联合胜曹军于赤壁。

073

《蔡文姬图》

（宋）佚名

纵 24.4 厘米，横 22.2 厘米。画作描绘蔡文姬在匈奴生活中幸福的场景。与丈夫各抱一子，一家人骑着马挽辔缓行。体现了画家对历史与文学主题的新视角。

《赤壁赋》和《后赤壁赋》

这两篇千古名篇都是北宋文学家苏轼观赤壁有感所写,前篇写于"壬戌之秋,七月既望",即宋神宗元丰五年(1082年),农历七月十六日;后篇写于同年"是岁十月之望",农历十月十五。宋神宗元丰五年,苏轼被贬黄州,于七月、十月两次游览赤壁而写。前篇主要写主客对话,谈玄说理,后篇以叙事写景为主;但从两篇都能体会到苏轼笔下古赤壁壮阔的自然景致。

《赤壁图》
（金）武直元　收藏于中国台北"故宫博物院"
纵50厘米，横136.4厘米。此图根据苏轼《赤壁赋》所绘。

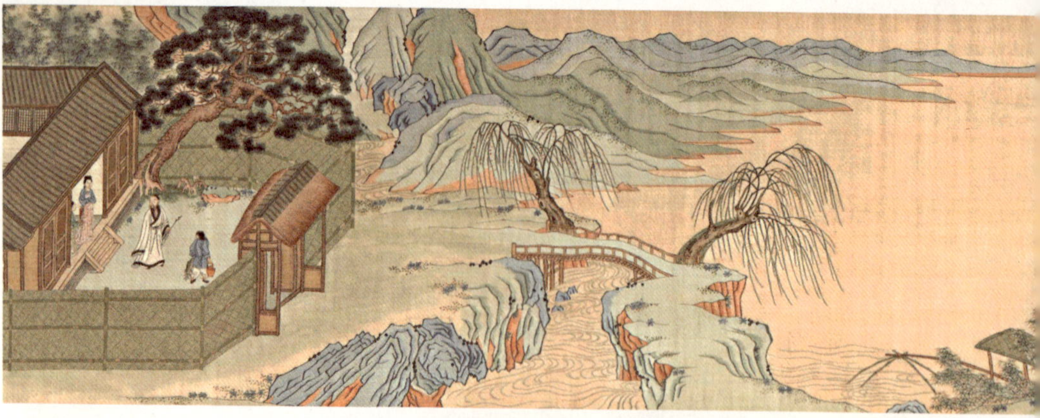

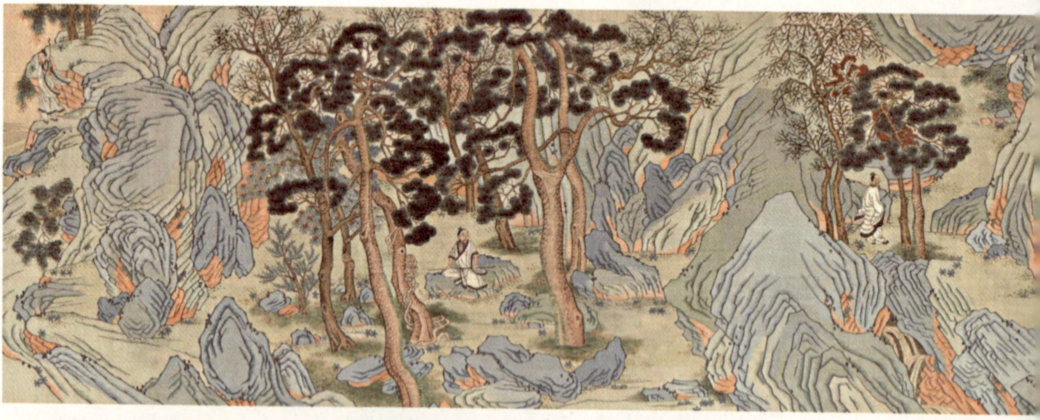

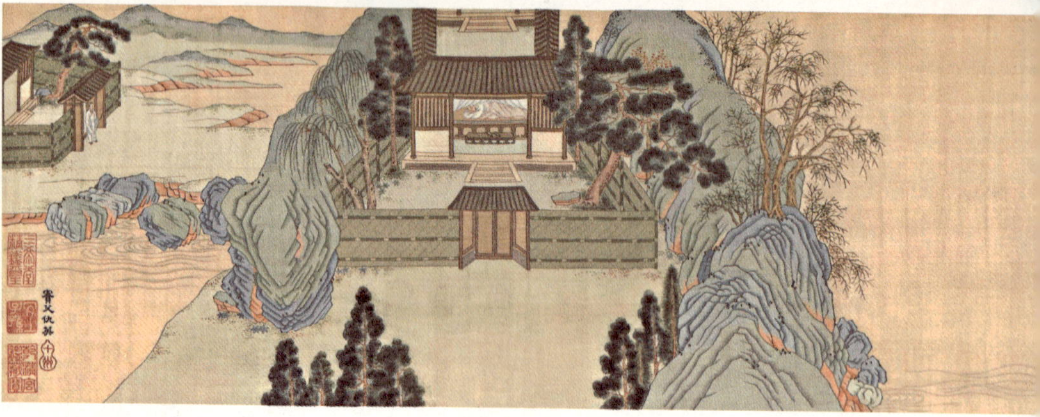
實父仇英

《后赤壁赋图》卷
（宋）马和之　收藏于北京故宫博物院
纵25.9厘米，横143厘米。此图据苏轼《后赤壁赋》内容创作。

清代陈祖章微雕橄榄核舟

底刻《后赤壁赋》全文。

策的妻子,小乔就是周瑜的妻子。就这样,诸葛亮凭着三寸不烂之舌,促使东吴的核心决策人物周瑜下定决心。这当然是小说所虚构出来的情节。之后,孙刘联军在诸葛亮和周瑜的指挥下火烧战船,最后取得了赤壁之战的胜利,为之后的三国鼎立奠定了基础。

其实铜雀台和东吴乔公的大乔、小乔毫无瓜葛,曹植的"揽二乔于东南"句,指的仅仅是连接铜雀台与金凤、玉龙二台的阁道栈桥。诸葛亮以此来刺激东吴,却起到了意想不到的效果。当然,周瑜也不一定因为诸葛亮的激将法而同意联合,作为一名优秀的统帅,他知道怎样做才符合东吴的利益。至于最初的畏惧之言,不过是和诸葛亮讨价还价的说辞罢了。

不过,从曹植的《铜雀台赋》中可以看出,铜雀台上面有数百间房屋,台下有景色秀美的铜雀园,台中还储存有大量的生活用品,真是一个藏身金屋、享受帝王生活的好地方。赤壁大战过去千年后，唐朝著名诗人杜牧携友人在黄州赤壁游玩，面对昔日的古战场诗兴大发，即兴赋诗一首，这就是那首让二乔名扬天下的《赤壁》绝句：

>折戟沉沙铁未销，
>自将磨洗认前朝。
>东风不与周郎便，
>铜雀春深锁二乔。

这首诗的意思是说，当年折断的兵器埋在沙土里还没有全部锈蚀，经过重新打磨和清洗，认出是那时赤壁之战的遗物。当年如果不是东南风帮助周瑜火攻曹军，那么曹操很可能就是胜利者，周瑜的爱妻小乔和孙策的寡妻大乔恐怕就要被囚禁在春光明媚的铜雀台了。

曹操修建的这座更多时候承担诗歌和文学乐园作用的铜雀台，因为杜牧的这首《赤壁》诗，被后人与赤壁之战紧紧地联系在了一起。在曹魏时期，这里曾聚集了一大批才华横溢的文人，创作了许多传世之作，著名文学家蔡文姬就是其中之一。蔡文姬是东汉著名的音乐家和文学家，她是蔡邕的女儿，曾被匈奴掳走多年。曹操很推崇她的才学，便派人带黄金千两、白璧一双，将蔡文姬从匈奴手中赎回来。蔡文姬回来后，受命撰写《续汉书》，工作之余，铜雀台成了她和众多文人学士朋友聚会、饮酒赋诗的最佳去处。

金殿上的七步诗

修建铜雀台的曹操野心勃勃，却始终未冒天下之大不韪称帝。身为汉家臣子，虽然可以权倾天下、为所欲为，无人能管，却独独不敢触及推翻君王的禁忌。曹操死后，汉献帝给他的封号都被他的儿子曹丕继承，这个太子一样的人物没有父亲那么多思想上的枷锁，很快就逼迫献帝禅位，自己登上了皇帝的宝座，是为魏文帝。魏文帝曹丕称帝后，就把都城从许昌迁到了洛阳，并修建了自己的新宫殿。与曹操一样，曹丕并不是奢侈的人，所以他的宫殿一点也不豪华。但就在这座不太起眼儿的宫殿中，也会有令人难忘的故事，差点让他和弟弟曹植兄弟相残的七步诗的故事就发生在这里。

曹植是与曹丕同父同母的弟弟，与曹操、曹丕一样擅长诗文，他们父子在文学史上合称为"三曹"。在诗词创作上，曹植比曹丕更有文采，在当时无人能敌，谢灵运曾说天下文才一共十斗，曹植一人就占了八斗，"才高八斗"的曹植，得到了曹操及其身边文人学士的称誉，更加潜心于此。在曹操终日忙于争霸，曹丕一心追求未来帝位的时候，曹植却逍遥自在，醉心于读书、写文章，留下了许多传世之作，其中以《铜雀台赋》最为有名。看到《铜雀台赋》后，曹操非常高兴，直夸曹植文采出众、当世无双，甚至产生了立曹植为嗣的意思，这在曹丕的心中留下了阴影。

曹丕称帝后，对曹植的成见

《辛毗引裾图》

（元）佚名　收藏于美国弗利尔美术馆

纵106.1厘米，横49.7厘米。三国时期曹丕的大臣辛毗。魏文帝曹丕想迁十万户将士家属来充实河南，而当时正值大旱，民不聊生，朝中百官都认为曹丕这样做非常不可取。可曹丕固执己见，坚决要迁。甩手要走的时候，辛毗一把抓住了他的衣角，与他据理力争。曹丕无奈，退步妥协。

無加鉛華弗御雲髻峨峨修眉聯娟
丹脣外朗皓齒内鮮明眸善睞靨
輔承權瓌姿艷逸儀靜體閑柔情
綽態媚於語言奇服曠世骨像應
圖披羅衣之璀粲兮珥瑤碧之華
琚戴金翠之首飾綴明珠以耀軀
踐遠遊之文履曳霧綃之輕裾微幽
蘭之芳藹兮步踟躕於山隅於是忽焉
縱體以遨以嬉左倚采旄右蔭桂旗
攘皓腕於神滸兮采湍瀨之玄芝余
情悦其淑美兮心振蕩而不怡無良
媒以接歡兮託微波而通辭願誠素
之先達兮解玉珮而要之嗟佳人之
信脩羌習禮而明詩抗瓊珶以和余
兮指潛淵而為期感交甫之棄言兮
悵猶豫而狐疑收和顏以靜志兮申

禮防以自持於是洛靈感焉徙倚彷徨
神光離合乍陰乍陽竦輕軀以鶴立
若將飛而未翔踐椒塗之郁烈步蘅
薄而流芳超長吟以永慕兮聲哀厲
而彌長爾乃衆靈雜遝命儔嘯侶
或戲清流或翔神渚或采明珠或拾
翠羽從南湘之二妃攜漢濱之游女
歎匏瓜之無匹兮詠牽牛之獨處揚
輕袿之猗靡兮翳脩袖以延佇體迅
飛鳧飄忽若神陵波微步羅襪生塵
動無常則若危若安進止難期若往
若還轉眄流精光潤玉顏含辭未吐
氣若幽蘭華容婀娜令我忘餐於是
屏翳收風川后靜波馮夷鳴鼓女媧
清歌騰文魚以警乘鳴玉鸞以偕逝
六龍儼其齊首載雲車之容裔鯨鯢
踊而夾轂水禽翔而為衛於是越北
沚過南岡紆素領迴清陽動朱脣以
徐言陳交接之大綱恨人神之道殊兮怨盛年
之莫當抗羅袂以掩涕兮淚流襟
之浪浪悼良會之永絕兮哀一逝而
異鄉無微情以效愛兮獻江南之
明璫雖潛處於太陰長寄心於君
王忽不悟其所舍悵神宵而蔽光
於是背下陵高足往神留遺情想
像顧望懷愁冀靈體之復形御
輕舟而上溯浮長川而忘返思綿綿
而增慕夜耿耿而不寐霑繁霜而
至曙命僕夫而就駕吾將歸乎東
路攬騑轡而抗策悵盤桓而不
能去

大德四年四月廿五日為盛逸民書
子昂

行书《洛神赋》 （元）赵孟頫 收藏于天津市博物馆和北京故宫博物院 纸本。纵29.5厘米，横192.6厘米。

洛神赋 并序

黄初三年余朝京师还济洛川古人有言斯水之神名曰宓妃感宋玉对楚王神女之事遂作斯赋其词曰

余从京域言归东藩背伊阙越轘辕经通谷陵景山日既西倾车殆马烦尔乃税驾乎蘅皋秣驷乎芝田容与乎杨林流眄乎洛川於是精移神骇忽焉思散俯则未察仰以殊观睹一丽人于岩之畔乃援御者而告之曰尔有觏於波者乎彼何人斯若此之艳也御者对曰臣闻河洛之神名曰宓妃则君王之所见无乃是乎其状若何臣愿闻之余告之曰其形也翩若惊鸿婉若游龙荣曜秋菊华茂春松髣髴兮若轻云之蔽月飘飖兮若流风之迴雪远而望之皎若太阳

升朝霞迫而察之灼若芙蕖出渌波秾纤得衷修短合度肩若削成腰如约素延颈秀项皓质呈露芳泽无加铅华弗御云髻峨峨修眉联娟丹唇外朗皓齿内鲜明眸善睐靥辅承权瑰姿艳逸仪静体闲柔情绰态媚於语言奇服旷世骨像应图披罗衣之璀粲兮珥瑶碧之华琚戴金翠之首饰缀明珠以耀躯践远游之文履曳雾绡之轻裾微幽兰之芳蔼兮步踟蹰于山隅於是忽焉纵体以遨以嬉左倚采旄右荫桂旗攘皓腕於神浒兮采湍濑之玄芝余情悦其淑美兮心振荡而不怡无良媒以接欢兮托微波而通辞愿诚素之先达兮解玉佩以要之嗟佳人之信修羌习礼而明诗抗琼珶以和予兮指潜渊而为期执眷眷之款实兮惧斯灵之我欺感交甫之弃言兮怅犹豫而狐疑收和颜以静志兮申

礼防以自持於是洛灵感焉徙倚彷徨神光离合乍阴乍阳竦轻躯以鹤立若将飞而未翔践椒涂之郁烈步蘅薄而流芳超长吟以永慕兮声哀厉而弥长尔乃众灵杂遝命俦啸侣或戏清流或翔神渚或采明珠或拾翠羽从南湘之二妃携汉滨之游女叹匏瓜之无匹兮咏牵牛之独处扬轻袿之猗靡兮翳修袖以延伫体迅飞凫飘忽若神陵波微步罗袜生尘动无常则若危若安进止难期若往若还转眄流精光润玉颜含辞未吐气若幽兰华容婀娜令我忘餐於是屏翳收风川后静波冯夷鸣鼓女娲清歌腾文鱼以警乘鸣玉鸾以偕逝六龙俨其齐首

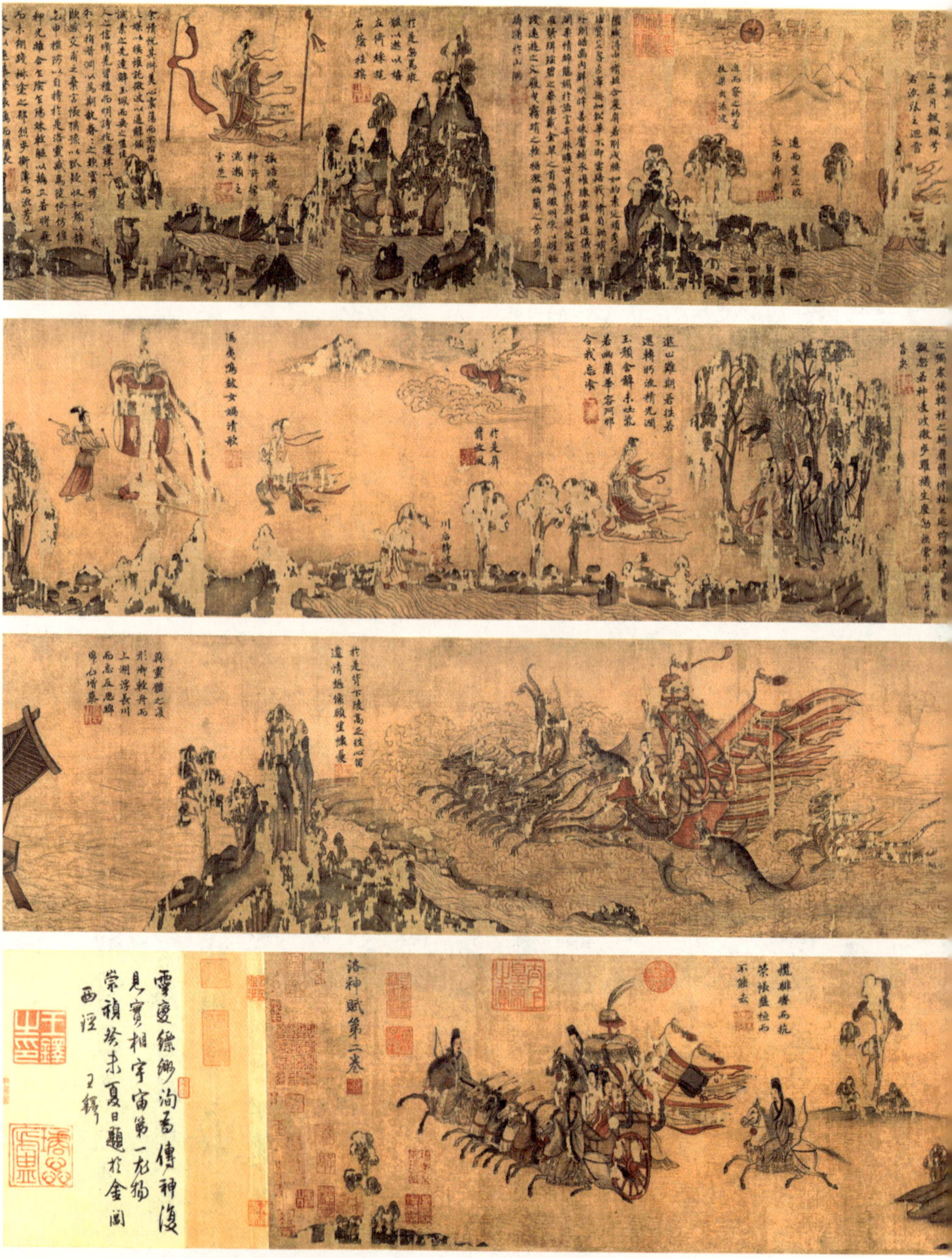
洛神赋第二卷

《洛神赋图》卷

（东晋）顾恺之/原作　此为宋人摹本　收藏于北京故宫博物院

纵27.1厘米，横572.8厘米。此画根据三国曹植的《洛神赋》创作。画面中，前段是曹植在洛水边与洛水女神相遇的场景；后段绘洛神依依不舍地离去的画面。

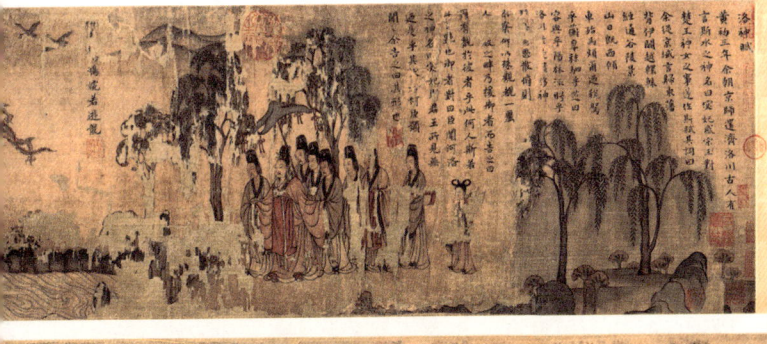

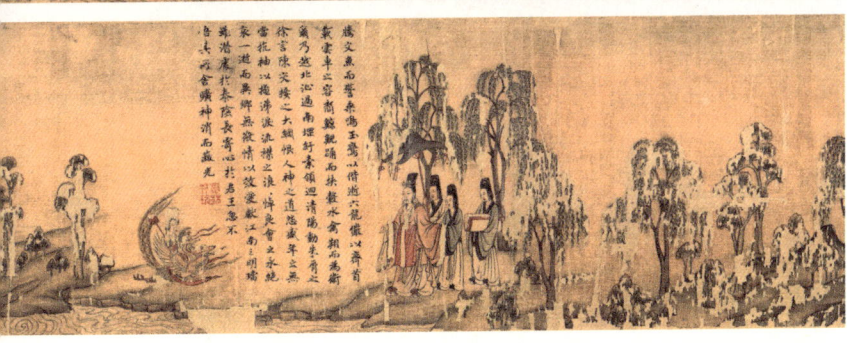

不仅没有减少，反而加深了。因曹植的出色表现，朝中经常有人说曹丕本不如曹植，他的帝位是用心计得来的，这让曹丕很生气。后来有传言说，曹植与曹丕的爱妃甄宓关系密切，有人甚至看见他们俩在后宫的荷花池边相会。这一说法虽然没有得到证实，却更加深了曹丕对曹植的不满。曹丕在登基的最初两年，对曹植进行了多次打击，他故意指派"监国使者"和一些地方官制造事端，先后两次对曹植贬爵削邑，以减少其对朝廷的影响。尽管此时的曹植没有丝毫的还手之力，曹丕却依然穷追不舍，想给予他更大的打击。这时，正好有人告状，说被贬到临淄的曹植喝醉酒后经常说出一些对君王不满的言论，还把曹丕派去的使者扣了起来。曹丕借此机会，马上派人赶到临淄，把曹植押回洛阳宫里，想就此治他一个死罪。卞太后知道此事后，连忙来到曹丕面前替曹植求情，要他看在一母同胞的份上，宽恕弟弟。为了不让母亲生气，也为了显示兄弟情谊，曹丕便想了一个变通的方法。在殿上，他提出让曹植在七步之内作一首诗，声称如果作得令众人佩服，就免掉他的死罪。曹植听罢，想了一会儿，静静地在金殿上迈出第一步，随着轻微的脚步声在大殿踏响，那首著名的七步诗从他的唇间缓缓吟出：

> 煮豆燃豆萁，
> 豆在釜中泣。
> 本是同根生，
> 相煎何太急？

以"豆"和"萁"比喻同根兄弟，"煮"和"燃"象征自相残杀，曹植的才思敏捷令在场所有的人赞叹不已。就连曹丕也觉得自己对弟弟太狠，当即赦免了曹植的死罪。

曹植虽然凭借过人的文采死里逃生，但仍无法摆脱政治上的不得意，只好在诗赋和歌舞中醉生梦死。226年，曹丕病逝，继位的魏明帝曹叡对他这个叔叔更是严加防范，竟无故迁封多次，曹植为此不得不频繁往来于京城和封地之间。对现实的失望让曹植越来越怀念虚幻的过去。在回封地的路上，他路过洛水，心中突然涌起无尽的思念，流传千古的《洛神赋》由此而生：

"其……肩若削成，腰如约素。延颈秀项，皓质呈露。芳泽无加，铅华弗御。云髻峨峨，秀眉联娟。丹唇外朗，皓齿内鲜，明眸善睐，靥辅承权。瑰姿艳逸，仪静体闲。柔情绰态，媚于语言。奇服旷世，骨像应图。披罗衣之璀粲兮，珥瑶碧之华琚。戴金翠之首饰，缀明珠以耀躯。践远游之文履，曳雾绡之轻裾。微幽兰之芳蔼兮，步踟蹰于山隅……"

这是对神的敬仰，也是对人的思念。这时的曹植将自己的一切都寄托在了这虚无缥缈的浪漫主义世界当中。

曹叡的华宫

226年,魏武帝曹丕去世,他的儿子曹叡继位,史称魏明帝。曹叡登基后,一改祖父曹操和父亲曹丕崇尚节俭的作风,开始大兴土木,修造宫殿,尽情享乐,开魏晋时期的奢靡之风。

魏明帝曹叡精于诗文创作,尤其擅长作短歌和乐府诗,与其祖父曹操、父亲曹丕并称为曹魏"三祖"。登基之初,他既重视文治又善于武功,算是个合格的帝王。在文治方面,他专门建造了崇文馆,从四面八方招揽文士,让他们在这里安心做学问,使国内文风兴盛;在武治方面,他果断英武,重用司马懿等老臣与吴、蜀两国展开了激烈角逐,最终使吴、蜀军力下降,对曹魏不再构成任何威胁。在他的统治下,建国不久的曹魏政权呈现出一派繁荣的景象。

当国内外局势稳定下来后,曹叡开始变得骄奢淫逸,沉溺于享乐成了他做皇帝的首选。据《三国志·魏书·明帝纪》记载,曹叡"天姿秀出，立发垂地"，是一位有一头长发的俊秀男子。或许是为了不辜负自己的容貌，曹叡对女人的需求特别强烈，这点不仅他的父兄无法比拟，就是前朝的好多和平帝王都望尘莫及。曹叡当了几年皇帝，就拥有嫔妃数千人，这个数字几乎与朝廷官员的数量相同，也远远高于《周礼》中所规定的天子后妃百二十人之限。对于嫔妃过多一事，司徒王朗和廷尉高柔等人多次进谏，曹叡不但不理他们，还为自己和嫔妃们建了一座宫殿。曹叡建造宫殿的热情可谓前无古人，后无来者，他在许昌本来已经建有很多宫殿，但总觉得不够，又在洛阳修造了崇华殿、太极殿、凌霄殿、总章观等多处殿宇。在这些殿宇中，以总章观最为宏伟，有十几丈之高，修建时动用了数万民工，耗费了巨量的银两。除总章观外，其他的宫殿也都富丽堂皇，美不胜收。曹叡的宫殿不仅有人工的湖泊、河流、假山，还建有风格各异的亭台水榭。闲暇之时——后来的曹叡多的是这种闲暇——曹叡携嫔妃在其中游乐，其情悠悠，其乐融融，可谓是风花雪月、浪漫怡人。

曹叡陶醉于自己建造的宫殿。然而没过多久，一件让他心痛的事情发生了，他最喜爱的崇华殿在一场意外的大火中被彻底烧毁。心痛过后，曹叡心头一亮，他正想造一座更好的宫殿，崇华殿的焚毁正好让他找到了最好的口实。于是，他找来当时担任太史令的高堂隆，搬出汉武帝建造建章宫镇压火神的事情，说为了镇住火神，也需要建造一座装饰更华丽、规模也更大的宫殿。高堂隆是个忠臣，认为当年只是汉武帝的巫师信口开河，才有了造大殿克制火神的说法，根本没有道理。他对曹叡说："宫殿只要能遮风避雨，不要太寒酸即可，君王如果只关心修建豪华的宫殿，不关心老百姓的疾苦，只怕对皇帝的声誉不好。"曹叡听了高堂隆的话很不高兴，便不再理他。他又找来了博士马钧，让他负责新殿的建设。马钧知道了高堂隆因劝谏造宫而被冷落的事情，便极力奉承，声

090

庸君故事五则

选自《帝鉴图说》法文外销画绘本 （明）佚名 收藏于法国国家图书馆

该书文字作者是明代内阁首辅张居正，其目的是给当时年不足10岁的万历帝作为学习教材。全篇讲述了自尧舜始，至宋代终，历朝历代帝王的事迹。

| | 2 | 3 |
| 1 | 4 | 5 |

1. 五侯擅权

汉成帝的5位舅舅同日被封为列侯（号称五侯）。因受皇帝器重而倍加跋扈，无所忌惮。后来汉平帝幼年继位，新都侯王莽专政后毒杀平帝，篡汉自立为王。

2. 羊车游宴

晋武帝自从打败东吴之后，逐渐沉溺酒色，驾羊车来择妃嫔。因其荒淫无度，不理政事，使得外戚杨骏擅政涉政，晋朝从此逐渐衰败。

3. 金莲布地

六朝齐史纪：齐主萧宝卷，荒淫奢侈，他宠爱一个名叫潘玉儿的妃子，用黄金打造莲花，贴于地面让她行走，谓之：步步生莲花。

4. 纵酒妄杀

六朝齐史纪：齐主高洋，好酒且暴虐。每次喝醉就会杀人取乐。宰相不忍心无辜之人被杀，就把死刑犯带到皇帝面前，等到皇帝醉酒后以囚犯应命。

5. 华林纵逸

六朝齐史纪：齐后主高纬，传说他喜欢弹琴唱曲，称哀曲为无忧之曲，以扮乞丐行乞为乐，十分荒唐可笑。

091

称不建一座新殿不足以显示皇威。曹叡一听大喜，马上下拨银两，让马钧全权负责此事。

马钧接受了建造新殿的任务后，立刻开始了工作。他又提出把汉长安柏梁台上铜人移来的建议——说汉武帝之所以长寿，就是因为经常饮用铜人手中承露盘所接的甘霖——从而更进一步讨好曹叡。曹叡闻讯自然喜笑颜开，让马钧赶快把铜人拆下运到自己的宫中。马钧领旨后迅速行动，带人奔赴柏梁台，开始了拆移铜人的工作。不料铜人的拆除工作并不容易，据说开始拆时铜人便凄然泪下，使众人大惊失色。拆除工作进行到一半时，铜人忽然倒塌，将数百工匠压在下面，造成重大伤亡事故。

曹叡为建新宫殿不计后果的举动引来了越来越多大臣的进谏和反对。曹叡为了让朝中不同意见销声匿迹，开始采用了严酷的手段，打杀并举。

面对曹叡的所作所为，文武百官深感忧虑，纷纷去太尉府求助司马懿，想让他劝曹叡回头。司马懿虽然表面上劝了几次，暗地里却有自己的想法。他看到曹叡的奢靡和荒淫无度，知道曹氏的统治基础很快就会动摇。

果然，经过曹叡的一番折腾，曹魏的元气大伤，再也回不到文帝时的强盛局面。曹叡死后，接下来的几任皇帝都没有将皇位坐久，朝中大权牢牢地控制在司马氏之手。265年，司马懿之子司马昭终于将有名无实的魏元帝曹奂赶下帝位，自己登上了皇帝的宝座，建立了晋朝，史称西晋。

景阳殿的哀叹

景阳殿是南北朝时期一座富丽堂皇的宫殿,景阳殿的后院有一口不太大的枯井,叫胭脂井。胭脂井以前不叫这个名字,说起它的由来,就不能不提到南朝陈后主陈叔宝和他的两个妃子。

陈叔宝是中国历史上一位多情帝王。他在父亲陈宣王死前已被立为太子,因二弟叔陵想要抢夺皇位,兄弟两人在父亲的灵位前发生争斗,陈叔宝被刺伤。接着,三弟叔坚和二弟叔陵展开了激烈的争斗,后来叔坚靠大将萧摩诃的帮助,将叔陵彻底击败,拥立叔宝坐上皇位。陈叔宝当上皇帝后,逐渐意识到当皇帝的好处,他可以拥有华丽的宫殿和绝色的女人,没人能说什么。这让陈叔宝很满意,他很快就习惯了这个身份。

刚登基的时候,陈叔宝还能励精图治,努力表现得像个有道之君的样子。随着国家政局的稳定,他开始放松,基本不理会国家大事,只愿

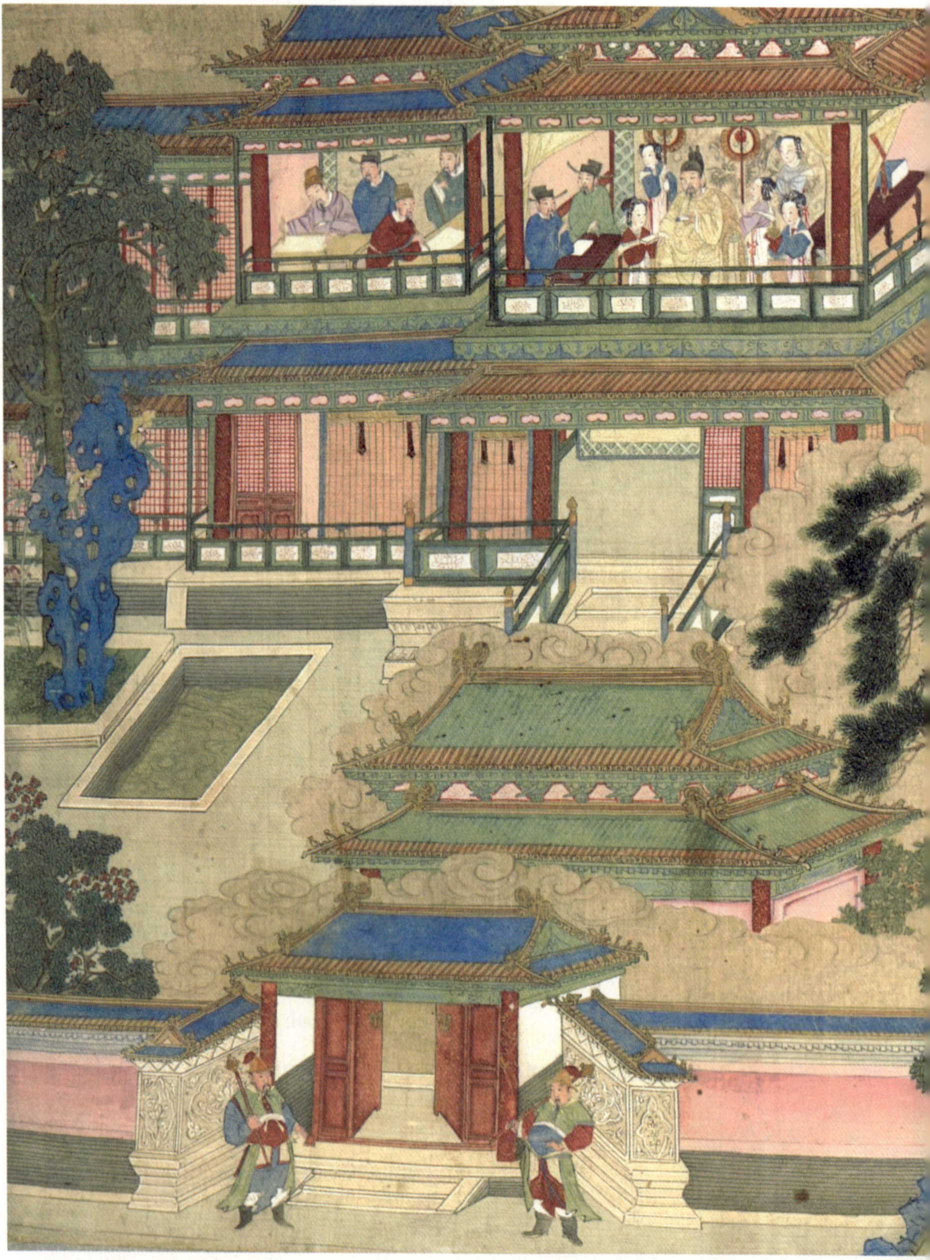

玉树新声

选自《帝鉴图说》法文外销画绘本 （明）佚名 收藏于法国国家图书馆

陈后主在位时，每天都在雕栏玉砌的宫室里与朝臣、文士乐工和妃嫔饮酒赋诗奏乐，夜夜笙歌，不思理政。最后被隋文帝所灭。

意整天沉湎在美酒和美女之中。在众多的妃子中，最受陈叔宝宠爱的有两位，一位是以长发著称的张丽华，另一位则是既年轻又美丽体贴的孔贵妃。为了让这两位美人高兴，他专门在皇宫中修建了3座楼阁，雕梁画栋、富丽堂皇，是当时建康城里最豪华的建筑。为了表示对两位妃子的不偏不倚，陈叔宝把自己的居所放在了中阁，张丽华被安置在东阁，孔贵妃在西阁。为了往来方便，陈叔宝还在三阁之间架设了凌空的栈道，他每日往来于三阁之中，快乐得像天上的神仙一样。除了张、孔二位贵妃，其他的妃嫔美人陈叔宝也不愿冷落，为了让大家都能有机会承受君王雨露，他经常用抽签的方式挑选侍夜之人，抽中的就抬上楼阁，尽享恩爱。陈叔宝在华丽的楼阁中纵情沉溺，只有万不得已的情况，他才会从花天酒地中恋恋不舍地脱出身来，前去听取大臣的汇报。即便如此，他也要让张丽华这个七尺长发的绝色美女坐在他的腿上，一边处理政事一边调情嬉戏。

南北朝时期文风兴盛，就连身处

宫中的嫔妃也都喜欢附庸风雅。为了满足她们的雅兴，陈叔宝经常举行宫廷宴会，为讨好嫔妃们，陈叔宝还特意把江总、陈暄、孔范等一般大臣和当时著名的文人学士召进景阳殿来，饮酒作乐、赋诗唱和，有时竟然通宵达旦。陈叔宝本身就是喜欢与人作赋唱和且文采颇佳的诗人，被后世称为亡国之音的《玉树后庭花》就是由他亲自写成的：

> 丽宇芳林对高阁，新装艳质本倾城。
> 映户凝娇乍不进，出帷含态笑相迎。
> 妖姬脸似花含露，玉树流光照后庭。
> 花开花落不长久，落红满地归寂中。

这"玉树后庭花，花开不复久"的哀愁意味，已经透出亡国的不祥之兆，只是当时的君臣都沉迷在纸醉金迷当中浑然不觉。

就在陈后主陶醉于后宫的温柔乡时，北周大贵族杨坚逼迫周静帝退位，自立为帝，建立了隋朝，之后便开始了开疆扩土的征伐之路。他见陈后主荒淫无度、不理朝政，于是在588年派杨广为帅，率大军数十万南下，直奔南陈都城建康而来。陈后主正在园中与嫔妃们赏花饮酒，忽然接到报信说军情紧急，却不信隋军能越过长江天险，继续纵情声色。可是不久，隋将韩擒虎渡过长江的消息便送上了他的案头，这时他才真正感觉到了危险，急忙命令大将萧摩诃出城迎敌。为让萧摩诃安心迎敌，他还把萧的家人接到建康，许给丰厚的赏赐。当萧摩诃正要布阵迎敌时，却接到家丁报信说夫人进宫后被陈叔宝看中，并被强行留在了宫中不让回家。萧摩诃听后大怒，再也无心备战，陈军自然大败而归。

隋朝军队很快就将建康团团包围，陈朝的军队毫无斗志，一交战就四下溃逃。隋军攻进城没有多久，隋将韩擒虎的军队便抢先攻入了朱雀门。

大臣们眼看隋军就要攻入皇宫，一筹莫展，便劝陈后主摆出皇帝风范，等待隋军将领，以维护帝王的尊严。陈叔宝佯作镇定地说："我自有计议。"陈叔宝的计议其实就是带着美人逃跑。他跑回后宫，带上张丽华和孔贵妃，三人一起躲到了景阳殿后的枯井里面。

韩擒虎来到景阳殿，本想擒住皇帝，立下头功，却不料宫中空无一人，不但没有看见陈叔宝，张丽华与孔贵妃也不知去向。韩擒虎命令士卒仔细搜索，差点儿把宫苑掀翻过来，还是没有他们的影子。最

隋文帝像

选自《历代帝王像》册 （清）姚文翰 收藏于美国纽约大都会艺术博物馆

杨坚，周宣帝皇后杨丽华的生父，周朝国丈。公元581年2月，杨坚篡周称帝，改国号隋，定都长安，并于公元589年统一了历经数百年分裂的中国。隋朝虽然持续时间很短，但却是个承前启后的朝代。

后搜到后花园，一口枯井引起了士兵们的注意，便趴在井口呼喊，但井中没有回应。有人建议扔块石头试试，井中这才传出话来。士兵们喜出望外，用绳子把箩筐放进井里，让井中的人坐上去，士兵们一起拉。拉的时候感觉很沉重，但也没多想，等到拉上来一看，才发现陈叔宝、张丽华和孔贵妃竟一起坐在箩筐里。

  由于井口太小，同时拉起3个人时，据说张丽华的胭脂擦在了井沿上，胭脂井的名字就由此流传下来了。

通向皇位的玄武门

杨坚建立的隋朝是我国历史上最短命的朝代之一，它只持续了37年，传了两代。618年，隋炀帝被李渊推翻，唐朝建立，首都从洛阳迁至长安。唐长安城是中国历史上最为宏大的帝王都城，由外城郭、皇城、宫城三大部分组成。朱雀大街是长安的中轴线，皇城坐落在朱雀大街的北端。在皇城最北边的是长方形的宫城，是皇帝和皇族生活起居与处理国家事务的地方。宫城由太极宫、东宫和掖庭宫组成。位于长安城中轴线最北端的是太极宫，是宫城的主体建筑，许多皇室的政治活动就在这里举行。太极宫有南北两门，南门为正门，称作承天门，北门为玄武门。玄武门方位是北，就必然带有与之对应的"坎"卦之象。在八卦中坎卦

唐高祖李渊立像
选自《历代帝后像》轴 （宋）佚名 收藏于中国台北「故宫博物院」

李渊，唐朝开国皇帝，出身北周贵族。隋末时，李渊发兵攻占长安。公元618年，废周恭帝自立为王，建立唐朝，定都长安。

象征着"陷"，也有险的意思。令人感到惊奇的是，"陷"的寓意后来竟然应验，著名的"玄武门之变"就发生在这里。

玄武门之变的参与方为高祖李渊的儿子们。

在建立唐王朝的过程中，李世民辅佐李渊南征北战，凭借着卓著的战功而名扬天下，威震四海。唐高祖即位以后，封长子李建成为太子，次子李世民为秦王，四子李元吉为齐王。太子李建成知道自己的威信比不上李世民，心生嫉妒，便和弟弟齐王李元吉在暗中联手排挤李世民，试图彻底清除他对自己太子之位构成的威胁。

李世民不仅打仗勇敢，还足智多谋，知人善任，手下聚集了一大批文臣武将，在弟兄当中势力最为强大。在他的帐下，有房玄龄、长孙无忌、尉迟敬德、秦叔宝、程咬金等顶尖谋臣和一流战将，跟随他出生入死的将士不下百千。太子李建成见秦王李世民建功立业，心里的担忧日盛，想除掉他的心情越来这时的唐高祖李渊年纪逐渐大了，太子和齐王趁他年老昏聩，经常在他喜欢的一些妃子面前通络感情，常常送给她们打仗得来的金银珠宝以讨得欢心，从而让她们在高祖面前说好话。而秦王李世民则不会去讨好这些妃嫔。于是，宠妃们常常在高祖面前夸奖太子和齐王，而不喜欢秦王李世民，四处讲他的坏话。时间久了，唐高祖竟然听信宠妃们的话，渐渐疏远了李世民。

后来突厥铁骑入侵中原，夺州掠郡，如入无人之境。太子和齐王认为时机已到，想借机调出秦王府中的兵将，以削弱李世民的兵力。唐高祖并没有发现其中的阴谋，于是就同意了太子的计划。李世民得知这个消息后，急

唐太宗立像

选自《历代帝后像》轴
（宋）佚名　收藏于中国台北「故宫博物院」

纵 271 厘米，横 126.8 厘米。李世民（599—649 年），唐高祖李渊次子。与李渊一起起兵反隋，李渊称帝后，被封为秦王，后来发动「玄武门之变」，继位以后，推行为太子。继位以后，推行了一系列改革，开创「贞观之治」——大唐盛世。

唐太宗执政期间的故事

选自《帝鉴图说》法文外销画绘本　佚名（明）　收藏于法国国家图书馆

弘文开馆

唐太宗在宫殿旁开设弘文馆，听官员给他讲古论今，扬长避短，来治理国家。

上书粘壁

唐太宗抄录奏折中应该采纳建议的意见，贴在墙壁上，以便经常看到，改善治国之道。

纳箴赐帛

唐太宗在历代帝王中以善于纳谏而著称,他常常赏赐上谏之臣财帛,以资鼓励。

敬贤怀鹞

唐太宗在玩鹞鹰时,恰巧魏徵前来议事。魏徵看到了故意没完没了地禀奏政事,唐太宗只好将鹞鹰藏进衣服里,以至于鹞鹰最后闷死在唐太宗怀里。

览图禁杖

唐太宗宽仁治天下，曾翻阅一本医书，得知人的经络穴位要害遍布脊背，便传令各府衙门惩治犯人时，不可鞭打犯人脊背。

纵囚归狱

唐太宗亲自审阅囚犯卷宗，怜悯犯死罪的犯人，放他们回家探望父母妻子，限期第二年秋天归狱受罚。所有被放归的犯人都如约返回听候处决，没有一个人逃亡隐匿。太宗见这些人被仁德感化，最终特赦了这些犯人。

撤殿营居 唐太宗关爱大臣，将自己将要建造宫殿用的建材转赠给大臣魏徵，令其建造房子，改善居住条件。

面斥佞臣 唐太宗不给阿谀奉承的官员留面子，常常当面训斥。

忙找房玄龄、长孙无忌和尉迟敬德等商量对策。他们都建议李世民先发制人，取得主动，干掉太子和齐王。起初，李世民并不忍心兄弟之间互相残杀，然而生死攸关，为求自保，就暗中下定了决心。当天夜里，李世民进宫向唐高祖告了一状，诉说太子跟齐王怎么谋害自己。唐高祖尚不以为然，敷衍着答应第二天一早命兄弟三人一起进宫，他要亲自问询。

第二天黎明拂晓，李世民命长孙无忌和尉迟敬德率领精兵，埋伏在皇宫北面的玄武门内，自己顶盔掼甲做好战斗准备，专候太子和齐王到来。一会儿，太子和齐王李元吉骑马来拜见父王，二人行至玄武门，觉得周围的气氛反常，就起了疑心，准备掉转马头返回。这时候，李世民从玄武门内骑马闪出来，李元吉见形势不对，抢先转身拉弓射箭，想射杀李世民，但慌乱中连射三箭，都没有射中秦王。李世民眼疾手快，也射出一箭，射中了太子李建成。眼见李建成中箭身亡，李元吉连催战马，想逃得一命，谁想越急越慌，连马的缰绳都抖不利索，尉迟敬德等人飞快地追上去，最终李元吉也跟着丢掉了性命。

唐高祖正在皇宫里等着3个儿子觐见，尉迟敬德拿着长矛冲进宫来，声称太子和齐王要害秦王，已被秦王杀了，秦王怕惊动高祖，特派他来保驾。高祖听闻此事非常害怕，吓得不知如何是好，急忙与裴寂、萧瑀、陈叔达等大臣商议。这些大臣平日里一向敬服秦王李世民，都愿意立他为君，便异口同声地数落李建成与李元吉的过失，称赞李世民英明，劝高祖立他为太子。到了这步田地，唐高祖即便是反对也没用了，只好听左右大臣的话，宣布太子李建成、齐王李元吉的罪状，授权秦王指挥两府的将士。接着，高祖又立李世民为皇太子。两个月后，他被迫让位给儿子，自己当了太上皇。

一场成功的宫廷政变就此落幕，李世民发动的玄武门之变也被载入了史册。

沉香亭里的醉宴

唐代是中国历史上政治昌明、经济文化繁荣的时期，我国传统的建筑艺术更是达到了登峰造极的境界。唐代的建筑之美不仅体现在气魄宏伟的宫殿上，即便是主要用于休闲娱乐的亭台楼阁，也风格各异，既清新典雅，也蕴藏着遒劲的内在张力。沉香亭因全部用珍贵的沉香木建造而得名，它建在一座翠绿的假山顶上，是唐代宫殿中最有名的配属建筑之一。沉香亭在后世名声极响，它的出名当然不是因为用料讲究，而是因为这里曾有一段传奇的往事。

唐玄宗开元年间，兴庆池东面的沉香亭前栽种了不少名贵的牡丹，春夏之交，各种牡丹花盛开，美不胜收。有一天，唐玄宗和杨贵妃来到这里观赏牡丹。赏花不同于观鱼，要的是丝竹管弦，热热闹闹，所以，唐玄宗还带来了最著名的宫廷乐师李龟年。李龟年和一众梨园弟子来到亭前，摆开架式，吹拉弹唱，为皇上和贵妃助兴。热闹了一番后，唐玄宗摆摆手，示意李龟年停下，说词曲过于陈旧，没什么意思，要搭配上新词才好，遂下令立即召见翰林学士李白。李白被召进宫前正与友人喝酒，进宫后乘着酒兴，挥笔写下了第一首《清平调》诗呈送上去。唐玄宗看了十分满意，不由得拍手叫绝，当即令梨园弟子弹奏起丝竹，李龟年展喉唱起：

云想衣裳花想容，
春风拂槛露华浓。
若非群玉山头见，
会向瑶台月下逢。

这首诗的开头就把唐玄宗此时最为得意的"名花"与"爱妃"非常巧妙地糅合在一起，搔到了皇帝的痒处。把天上的彩云比作贵妃的衣裳，眼前的名花就如同贵妃的容颜。艳丽的牡丹与绝色的妃子相映成趣，"国色天香"相得益彰。坐在沉香亭中的杨贵妃手捧酒杯，她一边听，一边忍不住暗暗为这首诗喝彩。她亲自斟满酒杯，双手端到李白面前。李白也不谦让，一饮而尽。唐玄宗知道李白有"斗酒诗百篇"之誉，干脆命人将酒坛放在李白座位前面，宫女把盏，要李白尽兴。李白又多吃几杯，诗情更浓，提笔又作出了第二首《清平调》呈上。唐玄宗将此诗看过一遍，连连称赞，感到越来越高兴，忍不住亲自吹起玉笛，让李龟年再次唱起：

一枝秾艳露凝香，
云雨巫山枉断肠。

《画连昌宫词》轴

（明）仇英 收藏于中国台北"故宫博物院"

纵66.8厘米，横37.6厘米。连昌宫又名兰昌宫、玉阳宫，唐代皇家行宫之一，传说始建于隋朝，位于河南府寿安县。画中宫殿为重檐歇山顶式、四角攒尖顶式建筑，占地面积广阔，富丽堂皇。唐高宗、武则天、唐玄宗等都曾出行到此宫。安史之乱后，这里成了废墟。

玉勒晰鬆寵太真年、秋後幸華清
開元四十萬疋馬何薄韶驛蜀歲行
吳興錢選舜舉

《明皇击球图卷》

(宋)李公麟 收藏于辽宁省博物馆

纵32.1厘米,横230.5厘米。唐玄宗与众人乘马击球。马球是唐宋年间比较盛行的一项体育运动。

《杨贵妃上马图》

(元)钱选 收藏于美国弗利尔美术馆

纵29.5厘米,横117厘米。杨玉环,唐玄宗的宠妃,天生丽质。公元756年,安禄山发动叛乱后,随唐玄宗流亡外地,马嵬驿事变时,被赐死。

《杨贵妃出浴图》（清）佚名 收藏于美国克利夫兰美术馆

借问汉宫谁得似，
可怜飞燕倚新妆。

一首曲终，满座皆欢。众人都向李白敬酒，连玄宗皇帝也拿巨觥向李白道贺。微带醉意的李白来者不拒，不觉醉意更深。唐玄宗见李白身形不稳，难以提笔，便叫侍臣先搀他到沉香亭上歇息片刻，杨贵妃吩咐端来醒酒汤，叫人用凉水喷面解酒。李白躺在玉床上，趁着醉意把脚伸向玄宗的宠臣高力士，请他帮自己脱下靴子。高力士见玄宗正在兴头上，只好憋着一肚子气蹲下来为李白脱靴。一会儿，李白从醉梦中醒来，要了纸和笔墨，又挥笔写成第三首《清平调》：

名花倾国两相欢，
长得君王带笑看。
解释春风无限恨，
沉香亭北倚阑干。

这支曲子一唱完，唐玄宗龙颜大悦，杨贵妃更是满面春风。牡丹国色天香，杨贵妃倾城倾国，李白将杨贵妃与盛开的牡丹相提并论，而且直到这里才下笔点题将唐玄宗融入其中。于是，名花之美，美女之魅，王者之爱，结合在一起，让沉香亭春风无限，人人都忍不住沉迷其中。

李白的3首《清平调》一经问世，不胫而走，不久就传出宫阙，被世人广为传诵。唐玄宗对此诗赞不绝口，杨贵妃更是非常喜爱，经常吟咏。只有高力士因被李白脱靴羞辱，对这首诗及作诗的李白恨之入骨。于是，他无中生有，向杨贵妃进谗言，说李白借酒戏弄贵妃：以飞燕之瘦，讥贵妃之肥；以飞燕之风流放任，讥贵妃之宫闱不检。杨贵妃毕竟花瓶一个，没什么脑子，就信以为真，开始在玄宗面前说李白的坏话。与此同时，高力士还极力搜集李白不好的证据，经常在玄宗左右进谗言，使玄宗渐渐疏远了李白。眼看自己不被重用，李白辞官还乡，过起了饮酒赋诗、周游四方的浪漫生活。

《太白醉酒图》（清）上官周

削夺兵权的宫宴

长安和洛阳是汉朝和唐朝的政治中心。唐朝灭亡后，长安和洛阳逐渐从中国的政治舞台上淡出。从宋朝至清朝，东京、北京和南京先后成了王朝的都城和政治的中心。

东京即现在河南的开封，古时也叫汴梁。五代十国时期，天下大乱，全国各地出现了多个割据政权，这种割据状态造就了多个国都，其中汴梁的使用频率最高。五代的后梁、后晋、后汉和后周都曾在此建都。

后周是五代的最后一个政权，它的开国皇帝是郭威。郭威只做了3年皇帝就死了，接替他的是养子柴荣。柴荣史称周世宗，是一个有作为的皇帝，在他的带领下，后周统一了关中地区和淮河流域，还攻克了契丹的好几座城池。959年，柴荣在领兵征战途中忽然病倒，不久即病逝，他的儿子柴宗训登上了皇位。柴宗训做皇帝时只有 7 岁，所以一切事务都由殿前都检点赵匡胤打理。兵权在握的赵匡胤刚开始还能尽心尽力地为柴宗训做事，后来看到柴宗训年幼无知，无法驾驭朝中事务，就有了取代他的打算。960 年，赵匡胤借着带兵出征的机会，在陈桥黄袍加身，然后返回开封，由守城的石守信等人做内应，进入城中，迫使柴宗训禅位于他。于是赵匡胤正式称帝，改国号为宋，仍然定都汴梁。

赵匡胤定都的汴梁城建于唐建中二年（781 年），之后历代都有修

宋太祖赵匡胤坐像
选自《历代帝后像》轴　（宋）佚名　收藏于中国台北"故宫博物院"

赵匡胤，在"陈桥兵变"中被拥立为皇帝。他结束了割据混战的局面，建立宋朝后，他十分重视经济、文化的发展，同时轻徭薄赋，各行各业都得到了发展，实现了社会的繁荣昌盛，史称"建隆之治"。

《雪夜访普图》轴

（明）刘俊 收藏于北京故宫博物院

画作描绘了宋太祖赵匡胤雪夜拜访赵普，商议朝事的勤政故事。

建和扩建。到后周至北宋年间,已形成拥有三重城墙的巨大城市,而皇城就位于内城的中部。宋朝的汴梁城繁华富庶,这从留存后世的画作和文献可以得见。东京城里"甲第星罗,比屋鳞次",皇城作为宋朝都城中最重要的建筑,是最宏伟大气的。宋代皇城城墙围合呈长方形,砖砌而成,与唐代洛阳皇城布局基本相似。从赵匡胤在此建都开始,汴梁便成为北宋的政治文化中心,经历了无数重大的事件,其中有些事件在中国历史上占有重要的地位。就是在这座都城里,赵匡胤导演了一出以酒宴为手段、以酒为道具,"杯酒释兵权"的大戏。

杯酒释兵权的事件发生在961年,当时,赵匡胤的皇位刚刚稳固。由于他的帝位是靠兵变夺来的,所以他对掌握军权的将领很不放心,整天为此闷闷不乐。赵匡胤最亲信的大臣赵普看出了他的心思,便出主意让他解除将帅的兵权,认为这样就能消除被推翻的隐患。

赵匡胤接受了赵普的建议,并很快制订下以酒宴罢兵权的计划。这一天,侍卫亲军马步军都指挥使石守信、殿前都指挥使和兼领睦州防御使王审琦以及殿前副都点检高怀德等开国功臣突然接到赵匡胤的邀请,让他们到宫中赴宴。石守信等人都是赵匡胤黄袍加身的功臣,平时亲如兄弟,为赵氏江山的开创立下了汗马功劳。这次听说赵匡胤又要宴请,心里非常高兴,都早早来到了宴会地点。酒宴开始后不久,赵匡胤喝退左右侍从,与众功臣对饮一杯,忽然长吁短叹起来。众人忙问赵匡胤有什么烦心的事情,赵匡胤叹着气说:"当初全靠大家,我才坐到今天这个位置,可坐上这个位置,我又感觉寝食难安,远不如做节度使时轻松自在。"石守信等人听了,忙问缘由,赵匡胤起初沉默,后来终于说出了实情,他说:"其实,我就是怕你们将来像我一样,也黄袍加身呀。"

赵匡胤的一番话,吓得石守信等人满头大汗,连忙匍匐下跪,让赵匡胤指明如何才能让他安心。赵匡胤说:"我替你们着想应该尽情享受

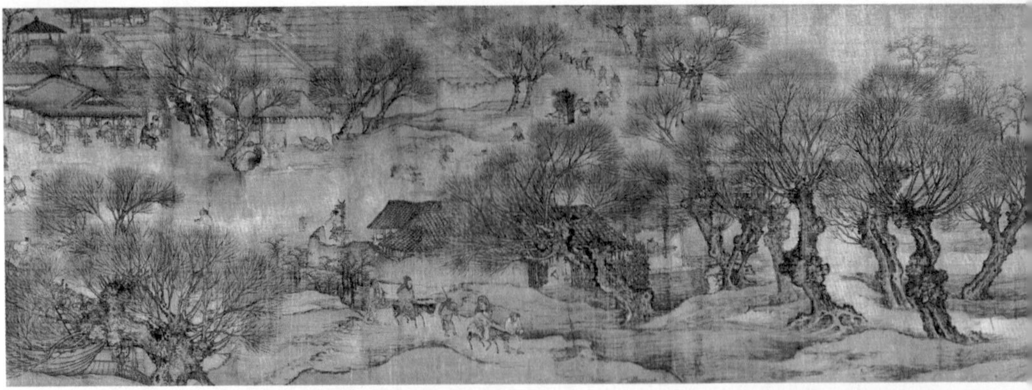
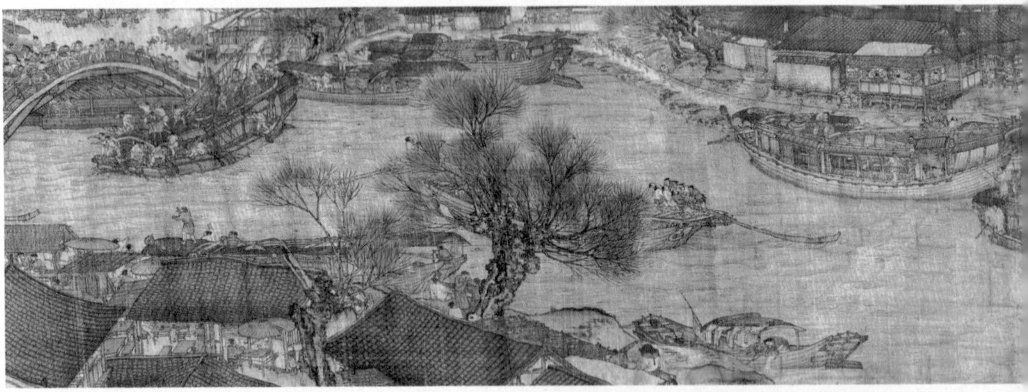
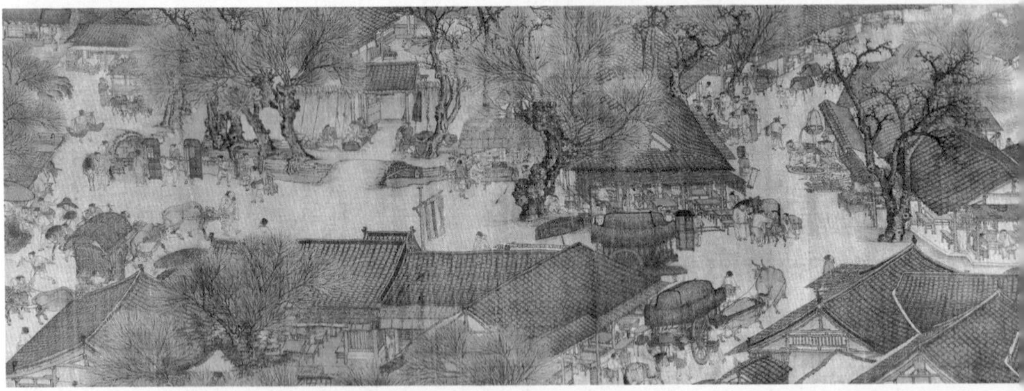
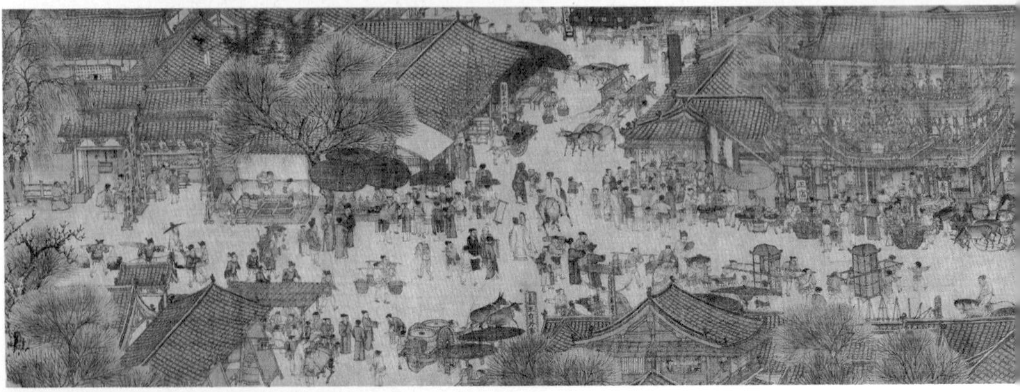

《清明上河图》卷

(宋)张择端 收藏于北京故宫博物院

纵24.8厘米,横528.7厘米,绢本设色。中国古代十大名画之一,是北宋都城东京汴梁的市井风俗画,画中描绘了大量人物、动物、车、轿、船只、桥梁、城楼和房屋等,呈现了宋代城市面貌和社会各阶层人们的生活图景,具有极高的历史价值和艺术价值。

生活才好。如果你们把兵权放出来，置办田产府邸，给子孙留点家业，快快活活地与家人在一起，安度晚年，我们也彼此毫无猜疑，不是更好吗？"

听了赵匡胤劝告的石守信等人，终于明白了这次酒宴的实际目的。第二天一早，他们要么说生病了，要么说有事，纷纷递上辞呈，说不想再执掌兵权。赵匡胤接到辞呈后十分高兴，假意挽留了一番，便宣布免去石守信、王审琦、高怀德等人的禁军职务，然后又赐给他们一些待遇极高但没有实权的闲职，放心地让他们回家养老。又过一段时间，赵匡胤再次在宫中设下酒宴，邀永兴军节度使王彦超、安元军节度使武行德和护国军节度使郭从义等人入朝。对这些人赵匡胤不必拐弯抹角，谈笑间，他逐一解除了他们的军职，彻底消除了武将对皇权的威胁。

宫廷中的「蹴鞠」

宋徽宗赵佶应该是中国古代皇帝中非常引人关注的一位。之所以这么说，不是因为他皇帝做得多好，而是因为他多才多艺。宋徽宗精通音乐、书法、绘画和诗词，对茶艺的研究也很有心得。除了这些技艺外，宋徽宗还有一个爱好，那就是蹴鞠。蹴鞠类似于今天的足球，在宋代非常流行。太祖赵匡胤在世时就很喜欢这项运动，经常在宫中与人蹴鞠。到了徽宗时，蹴鞠之风更盛，从街道的空地到达官贵人的后院，都能见到蹴鞠的场景。

宋徽宗喜爱蹴鞠是出了名的，据说他还是端王时，一个叫高俅的地痞无赖就因为蹴鞠技艺精湛而得到了他的赏识，留在王府之中，每天侍

宋徽宗的书画成就

宋朝的书画艺术空前繁荣，值得一提的是宋徽宗和他的瘦金体。宋徽宗赵佶，宋神宗第十一子、宋哲宗之弟。在位期间昏庸无能，奸臣当道、吏治腐败。但他在书法、绘画上造诣精深，自创瘦金体。瘦金体是书法史上一种极具个性的书体，其代表作为《楷书千字文》《秾芳诗帖》等。瘦金体运笔灵动，字体瘦劲挺拔，运转顿挫之间匠心独具。宋徽宗绘画代表作有《祥龙石图》卷、《听琴图》、摹张萱《捣练图》等。

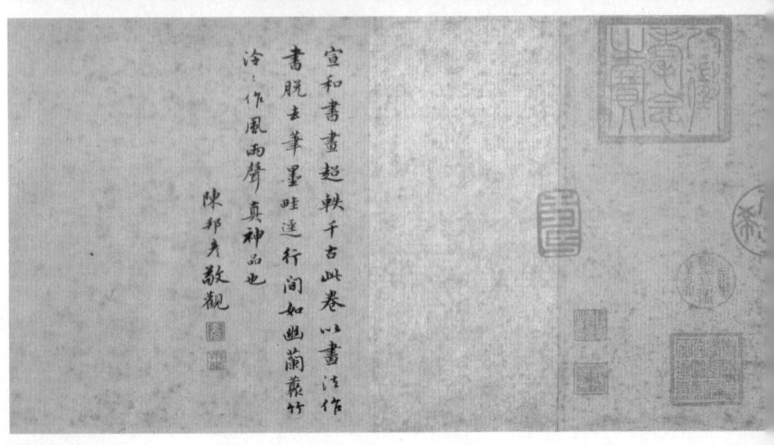

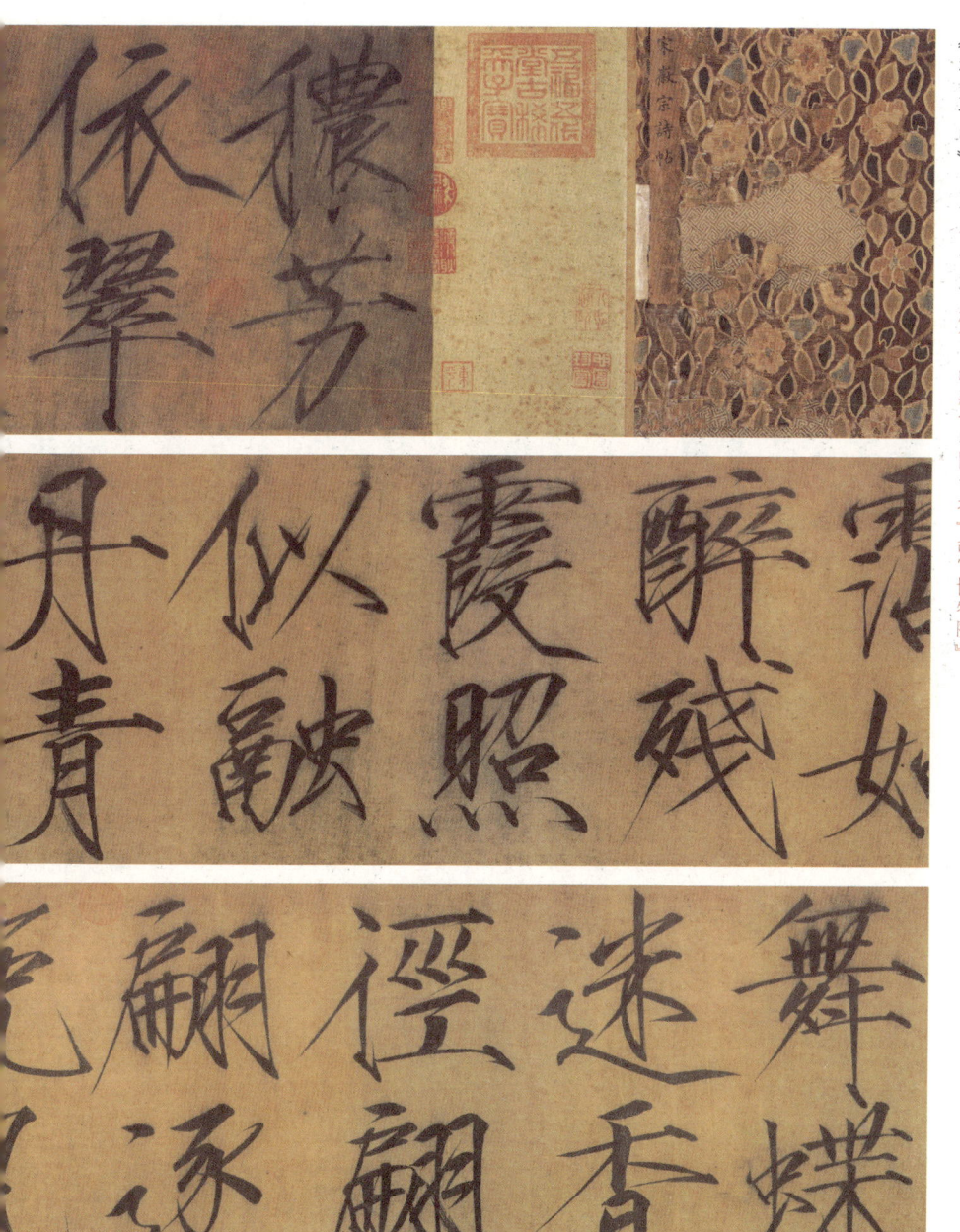

《秾芳诗帖》 （北宋）赵佶 收藏于中国台北『故宫博物院』

夷與溫凊不息淵澄取暎容止若思言辭安定篤初誠美慎終宜令榮業所基籍甚無竟學優登仕攝職從政存以甘棠去而益詠樂殊貴賤禮別尊卑上和下睦夫唱婦隨外受傅訓入奉母儀諸姑伯叔猶子比兒孔懷兄弟同氣連枝交友投分切磨箴規仁慈隱惻造次弗離節義廉退顛沛匪虧性靜情逸心動神疲守真志滿逐物意移堅持雅操好爵自縻華夏東西二京背邙面洛浮渭據涇宮殿盤鬱樓觀飛驚圖寫禽獸畫綵僊靈丙舍傍啟甲帳對楹設席鼓瑟吹笙升階納陛弁轉疑星右通廣內左達承明既集墳典亦聚群英杜藁鍾隸漆書壁經府羅將相路俠槐卿戶封八縣家給千兵高冠陪輦驅轂

真宰飢厭糟糠親戚故舊老少異粮妾御績紡侍巾帷房紈扇圓潔銀燭煒煌晝眠夕寐藍笋象床弦歌酒讌接杯舉觴矯手頓足悅豫且康嫡後嗣續祭祀蒸嘗稽顙再拜悚懼恐惶牋牒簡要顧答審詳骸垢想浴執熱願涼驢騾犢特駭躍超驤誅斬賊盜捕獲叛亡布射僚丸嵇琴阮嘯恬筆倫紙鈞巧任釣釋紛利俗並皆佳妙毛施淑姿工顰妍笑年矢每催曦暉朗曜琁璣懸斡晦魄環照指薪修祐永綏吉邵矩步引領俯仰廊廟束帶矜莊徘徊瞻眺孤陋寡聞愚蒙等誚謂語助者焉哉乎也

崇寧甲申歲京兆□書賜童貫

千字文
天地元黃宇宙洪荒日月
盈昃辰宿列張寒來暑往
秋收冬藏閏餘成歲律呂
調陽雲騰致雨露結為霜
金生麗水玉出崑岡劍號
巨闕珠稱夜光果珍李柰
菜重芥薑海鹹河淡鱗潛
羽翔龍師火帝鳥官人皇
始制文字乃服衣裳推位
遜國有虞陶唐弔民伐罪
周發商湯坐朝問道垂拱
平章愛育黎首臣伏戎羌
遐邇壹體率賓歸王鳴鳳
在竹白駒食場化被草木
賴及萬方蓋此身髮四大
五常恭惟鞠養豈敢毀傷
女慕貞絜男效才良知過
必改得能莫忘罔談彼短
靡恃己長信使可覆器欲
難量墨悲絲染詩讚羔羊
景行維賢克念作聖德建
名立形端表正空谷傳聲
虛堂習聽禍因惡積福緣

策功茂實勒碑刻銘磻溪
伊尹佐時阿衡奄宅曲阜
微旦孰營桓公匡合濟弱
扶傾綺迴漢惠說感武丁
俊乂密勿多士寔寧晉楚
更霸趙魏困橫假途滅虢
踐土會盟何遵約法韓弊
煩刑起翦頗牧用軍最精
宣威沙漠馳譽丹青九州
禹跡百郡秦幷嶽宗恆岱
禪主云亭雁門紫塞雞田
赤城昆池碣石鉅野洞庭
曠遠綿邈巖岫杳冥治本
於農務茲稼穡俶載南畝
我藝黍稷稅熟貢新勸賞
黜陟孟軻敦素史魚秉直
庶幾中庸勞謙謹勅聆音
察理鑒貌辨色貽厥嘉猷
勉其祗植省躬譏誡寵增
抗極殆辱近恥林皋幸即
兩疏見機解組誰逼索居
閑處沉默寂寥求古尋論
散慮逍遙欣奏累遣慼謝
歡招渠荷的歷園莽抽條

楷书《千字文》
（北宋）赵佶　收藏于上海博物馆

126

《芙蓉锦鸡图》 （北宋）赵佶　收藏于北京故宫博物院　纵81.5厘米，横53.6厘米。

▶《文会图》 （北宋）赵佶　收藏于中国台北"故宫博物院"，纵184.4厘米，横123.9厘米。描绘文人雅聚，喝茶饮酒赋诗场景的一幅画。宋徽宗酷爱饮茶，时常召臣子来宫中品茶。

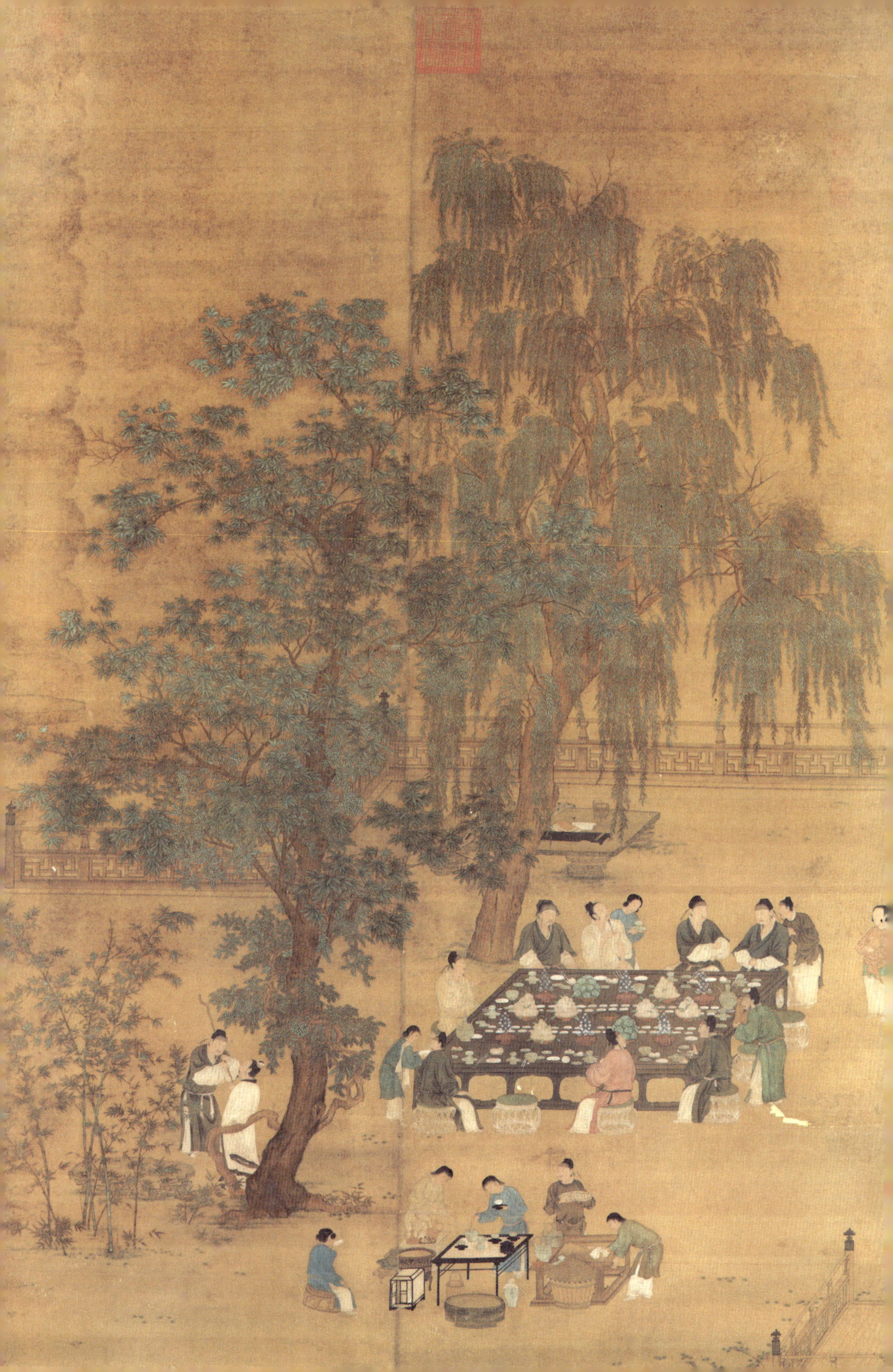

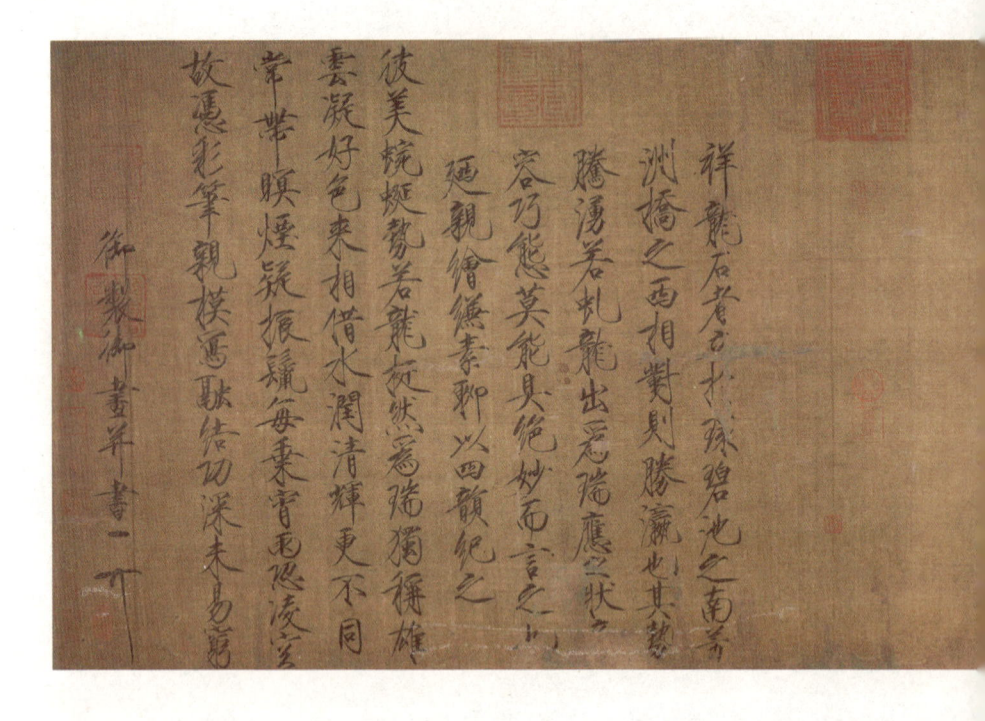

奉蹴鞠。后来，没有子嗣的宋哲宗去世，端王赵佶被推上皇位，高俅也跟着升上高位，官至太尉，从此耍尽威风，做尽了坏事。

宋徽宗当政后，不但琴、棋、书、画没有放下，蹴鞠也被他带入了皇宫。在当时的后宫，蹴鞠蔚然成风，玩者人数众多，而且水平不低。宋代的蹴鞠有两种玩法，一种是从唐代传下来的对抗比赛，一种是表演性质的"白打"。蹴鞠的对抗比赛要在场地中央竖两根竹竿，竿上用网结成球门，比赛时，双方队员分立球门两边，用各种眼花缭乱的姿势将球踢进洞里，凡踢进网中多者为胜。与对抗比赛相比，"白打"更注重个人灵活的技巧，所以相对来说更具观赏性，因而受到更多人的喜欢。这种玩法可以一个人独自表演，也可以几人甚至十余人共同表演。宋太祖赵匡胤、太宗赵光义及大臣赵普经常玩的就是"白打"，而高俅也擅

《祥龙石图》卷
（北宋）赵佶　收藏于北京故宫博物院
纵53.8厘米，横127.5厘米。宋徽宗作品，画中右侧是官苑中的奇石"祥龙石"，左侧则是赵佶御笔"瘦金书"题记、题诗。

长这种玩法。

宋徽宗与宫人玩的蹴鞠也以"白打"居多，因为这种优雅的玩法更适合宫人的身份。每到闲暇时，徽宗总会拉上数个宫人来到宫廷前的空地，用腿、肩头等身体部位颠球、盘球，踢出各种花样。有时擅长此道的官员也来参与踢，如太尉高俅、宰相李邦彦等。来来往往中，只见球在空中跳来跳去，就是不许掉在地上。每每一局踢完，玩者尽兴，观者欢欣，欢乐的气氛充满宫中。

宋徽宗的蹴鞠水平随着时间的推进变得越来越高，琴棋书画也不断精进，唯独皇帝做得越来越差劲。随着会蹴鞠的高俅越来越红，危险的气息也越来越临近。

靖康二年（1127年），盘踞在北方的金人出兵攻宋，优雅了半辈子的宋徽宗与刚刚接任他登上皇位的儿子钦宗不幸被俘，被迫离开了曾经蹴鞠作乐的皇宫。至此，东京汴梁结束了它作为都城的使命。据说宋徽宗和宋钦宗到了金国后，被关在了一口废弃的井里，宋徽宗的一切风雅之事也都随风飘散。

相关链接

洛阳·长安·开封

　　洛阳是中国最古老的都城之一,它位于河南省的西部,北临邙岭,南临洛河,自古以来就是兵家必争之地,素有"九州腹地"之称。洛阳作为都城,有着非常悠久的历史,从公元前770年周平王迁都洛邑起,先后有东周、东汉、曹魏、西晋、北魏(孝文帝)、隋(炀帝)、唐(武则天)、后梁、后唐九个王朝在此建都,共有近千年的时间,故被称为"九朝古都"。在历史上,洛阳曾先后6次进入世界大城市之列,同时还是举世闻名的丝绸之路的东方起点。大约从东周开始,洛阳形成了规模宏大的城市体系,人口众多,商业活动繁荣,即所谓"商遍天下,富冠海内"。这里出土的大量青铜器、瓷器和玉器就是这种说法的有力佐证。

　　洛阳虽然做过不同朝代的都城,但最辉煌的时期应该是在汉魏时期。汉魏时期的洛阳东西宽6公里、南北长9公里,是当时世界上最大的城市之一。这时的洛阳城宫殿华丽宏伟,城内衙署、苑囿、市场等应有尽有,南郊还有东汉时建立的太学、国家天文台及明堂等建筑,城西则出现了我国最早的佛寺——白马寺,可谓盛极一时。

　　长安是与洛阳齐名的又一座古都,从公元前11世纪周文王建都丰京(今西安附近)始,先后有西周、秦、西汉、前赵、前秦、后秦、西魏、北周、隋、唐等13个朝代建都于此,前后也有1000多年。长安作为都城的历史虽然始于西周,长安

唐禁苑图

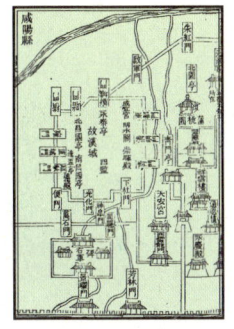

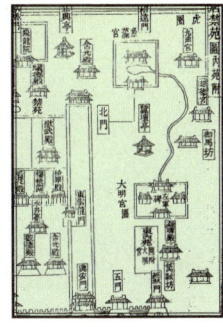

选自《长安志》（北宋）宋敏求

中国现存最早的古都志，共计20卷。长安即今西安，历周、秦、汉、隋、唐等13个王朝在此建都，历史悠久。《长安志》成于熙宁九年（1076年），记录了秦、汉、唐、宋朝等与长安有关的各类信息，例如实录、传记、家谱、古志、碑刻等。它还清晰地记载了唐代长安的皇城城郭、宫室、坊市等分布情况。

的名字却是在西汉时才有。周文王的都城当时叫丰京，后来周武王建在附近的则叫镐京，春秋战国的秦国建在今西安城北的都城则叫咸阳。公元前202年，刘邦建立汉朝，先建都洛阳，后迁都此地，取名长安，以取其"长治久安"之意。

洛阳最辉煌的时期在汉魏，而长安则是在唐代。唐长安城是在隋都大兴城的基础上扩建而成的，其街坊布局像围棋的棋盘，非常整齐端正。唐长安城的城郭呈长方形，东西约9700米，南北约8600米，周长近37公里，面积达84平方公里，规模远远超过汉魏时期的洛阳城。

开封简称汴，在宋代又叫东京汴梁，号称七朝古都。从春秋战国时期的魏至五代时期的后梁、后晋、后汉、后周，再到北宋和金，都曾在此建都。开封形成的城市雏形是始于春秋时期的郑庄公。当时它被命名为开封，后来改名为大梁。开封的城市规模在北宋中后期达到顶峰。

由于地处黄河中下游的冲积平原，开封经常遭受洪水的袭击，形成了其独特的"城摞城"景观。据说宋皇宫的城墙就被压在明朝周王府的萧墙下，而唐代的汴州城则被宋内墙盖了个正着。

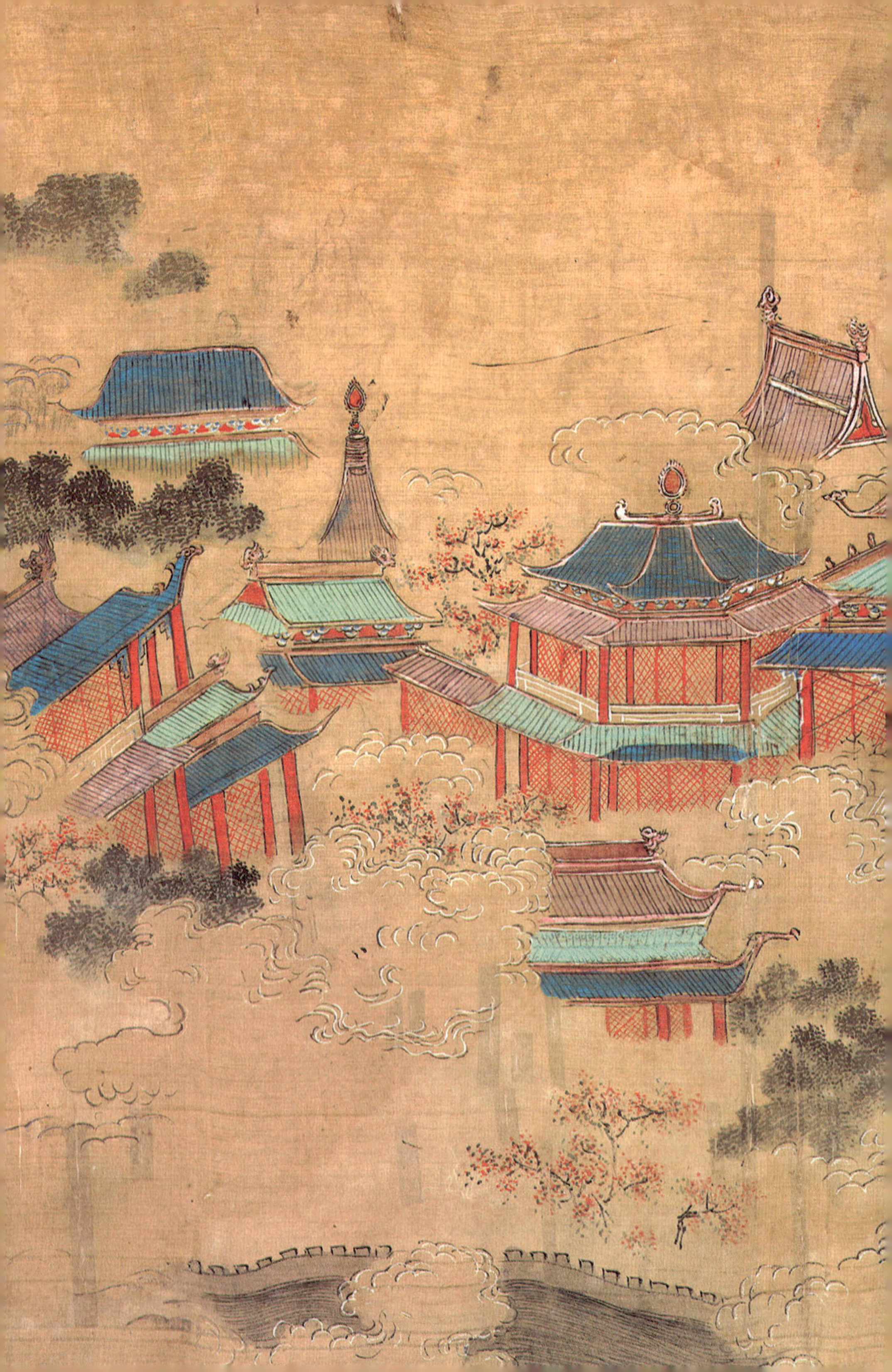

第三章

三朝古都 南北二京

忽必烈的「大汗之城」

从汉至唐的很长一段时间里，长安和洛阳一直是政治中心，直到赵匡胤建立北宋，这地位才让给了东京汴梁，也就是今天的河南开封。开封作为北宋的都城，经历了中国历史上最辉煌的时期，经济的发展使它成为当时世界上最繁荣的城市之一。1127年北宋灭亡，高宗赵构在临安称帝，开封才结束了作为都城的历史。南宋是北宋的延续，但毕竟偏安一隅，其都城临安虽然依旧繁华，但仍无法与鼎盛时期的开封相比。而在这时的北方，又一座新的都城悄然崛起，它就是元朝的都城——北京。

元大都北京在唐代被称为幽州，辽代则被叫作燕京。它作为都城则是从战国时期的燕国开始，当时称为蓟。金代时叫中都。从1211年起，在蒙古草原崛起的成吉思汗率领蒙古军队，开始了对金大举进攻，并在1215年攻取金的都城，将曾经使北宋蒙羞的金人赶走。占据中都后，还没有天下意识的蒙古将军竟下令将这座金朝苦心经营了63年的中都皇宫付之一炬，并恢复了辽燕京之名。1227年，成吉思汗率军灭掉西夏，不久后病逝于西夏境内，又经过3任短暂在位的大汗，最后忽必烈继承汗位，成为元朝的创建者。忽必烈继位后，先改燕京为中都，并决定在中都东北部修建新都城，并改称"大都"。至元三年，也就是1267年，大臣刘秉忠受忽必烈之命，开始了大规模的建都工程。

元大都的兴建前后总历时十八年，至元二十二年，即1285年，整

元世祖忽必烈像　（清）姚文翰　收藏于美国纽约大都会艺术博物馆
选自《历代帝王像》册

孛儿只斤·忽必烈（1215—1294年），元太祖铁木真之孙，拖雷第四子元宪宗蒙哥的弟弟。公元1260年，忽必烈自立为大蒙古国皇帝（蒙古帝国大汗）。公元1271年将国号由『大蒙古国』改为『大元』，成为元朝的开国皇帝。1272年迁都燕京，后改名为大都。

《元世祖驭马图》 （元）刘贯道 收藏于衡水中国书画博物馆 纵139厘米，横91厘米。

座城市才算基本建成。建成后的元大都呈正方形，周长 28600 米，分为大城和皇城两部分。因受命建城的刘秉忠既懂《易经》又曾出家为僧，所以元大都的建设受到了周礼和佛家思想的双重影响，它的城市格局恪守了周礼"前朝、后市、左祖、右社"的制度，而城墙形制又秉承了"三头六臂"的佛家思想。元大都建成后，很快成为中国北方重要的政治经济中心，它是亚洲的一座名城，同时在欧洲也非常有名，是蒙古人为之自豪的"大汗之城"。

最早让元大都闻名世界的是一本名为《马可·波罗游记》的书。

书的主人公马可·波罗于 1254 年生于意大利威尼斯的一个商人家庭。1260 年，他的父亲和叔父经土耳其的伊斯坦布尔和中亚的布哈拉来到中国，在元大都见到了元世祖忽必烈，并带走了大量的金银珠宝。从中国回去一年后，父亲和叔叔生意失败，把在中国赚的钱都赔光了。于是，他们决定再到一次中国，赚更多的钱回来。马可·波罗得知此事后，坚持要和父亲一起前去，甚至以断绝父子关系迫使父亲同意带他来中国。在马可·波罗的一再要求下，父亲终于同意了他的请求，经过约 4 年的一路跋涉，他们于 1275 年到达元大都。

忽必烈对于这些西方人的再次到来感到非常高兴，他专门在皇宫内举

元代彩绘蒙古人驭马俑
收藏于焦作市博物馆
河南省焦作市中站区许衡街道办东王封村出土。

行宴会欢迎他们,并挽留他们在此居住。这时,马可·波罗刚刚20出头,年轻而又聪明的他很快就掌握了蒙古语言和汉语,并熟悉了元代的朝廷礼仪。忽必烈对马可·波罗很器重,除了让他在北京工作,还经常安排他到全国各地参观访问,甚至安排他担任地方要职。1292年,元朝公主阔阔真远嫁波斯,马可·波罗奉命护送,之后,他回到了阔别已久的故乡威尼斯。1298年,威尼斯和热那亚之间爆发战争,这时的马可·波罗正好在威尼斯海军服役,不久即做了对方的俘虏,被囚于狱中。在监狱里,他开始回忆起那段神奇的东方经历,并由别人执笔,以口述的方式创作了闻名于世的《马可·波罗游记》。

《马可·波罗游记》记载了马可·波罗在中国很多地方的经历,淮安、泰州、扬州、南京、苏州、杭州、福州和泉州等中国名城在游记里都有涉及,其中也不乏一些道听途说的成分。相比之下,他对元大都的描述最为详尽可信。在《马可·波罗游记》中,马可·波罗惊叹于元大都的繁荣,称"外国巨价异物及百物之输入此城者,世界诸城无能与比",并就此做出了"出售商品之多,是世界上任何城市所不能相比的"的结论。他说"宫殿之大,前所未闻",各种建筑"巧夺天工,登峰造极","凡世界上最为稀奇珍贵的东西,都能在这座城市找到"。在这部流传甚广的游记中,有这样一段描述:"那里的路是用黄金铺就的,你可以随便捡起来拿回家去;那里的绫罗绸缎随处可见,伸手就能拿到;那里有无数清香扑鼻的香料,不断刺激人的感官,挑逗起人们心里的贪欲;那里的树木和石头都蕴藏着各种宝藏;那里有闪闪发光的金银和甜美无比的水果;那里还有可以返老还童的泉水和刚刚发现的磁针,这种魔力般的磁针奇迹般转动着,它所指的方向总是南北两极……"

由上述内容可知,这本书中加入了很多虚构的东西,但这也从一个侧面说明了他对元大都的推崇。当时的元朝确实是世界上最繁华的地方。

《山溪水磨图》

（元）佚名　收藏于辽宁省博物馆

又名《民物熙乐图》轴。这幅画展示出了元代水磨坊的经营运作场景，为后世研究元代社会生产、生活以及建筑提供了重要的参考。

除了商业发达，其城市规模也足够惊人。《马可·波罗游记》中说它"街道甚直，此端可见彼端，盖其布置，使此门可由街道远望彼门也……全城中划地为方形，画线整齐，建筑房舍……方地周围皆是美丽道路，其行人由斯往来。全城地面规模有如棋盘，其美善之极，未可言宣"。而《大都赋》中也有"论其市尘，则通衢交错，列巷纷纭，大可以并百蹄，小可以方八轮。街东之望街西，仿而见佛而闻；城南之走城北，出而晨归而昏"的描述。从各种资料推断，当时的钟鼓楼是元大都最繁华的地方。钟鼓楼的西面是南北大运河的终点，整天南来北往的商船在这里聚集、停泊。大运河两岸，各种店铺应有尽有，其中既有歌台、酒楼等娱乐场所，也有米市、面市、缎子市和毛皮市等店铺。另外，在钟鼓楼的附近，还设有羊市、马牛市及骆驼市，连贩卖奴仆的人市有时也会出现在这里。

《马可·波罗游记》是第一部由西方人创作的以中国为题材的作品，书中记录了中国40多个城镇的自然和社会情况，让西方人对神秘富庶的东方大国产生了浓厚的兴趣。马可·波罗以一个外国游客的身份看中国，向西方详细介绍元代的中国，促发了西方人了解中国、认识中国的热情。同时，他也以独特的视角见证了元朝的辉煌与繁荣。

元顺帝的宫中乐园

1333年,忽必烈创建的元朝传到了第11位皇帝元顺帝妥懽帖睦尔的手中。与祖先相比,他似乎失去了征伐四方的野心和英雄气概,好色荒淫是他留给后人最深刻的印象。事实上,元顺帝并非一无是处,也做过一些有益于社会发展的事情。元文宗时,他曾因宫廷争斗两次遭到排挤,一次被逐到高丽,一次被分封到静江(今广西桂林)。元宁宗死后,元顺帝在太皇太后卜答失里的支持下登上王位。在他统治的初期,元顺帝被文宗皇后卜答失里和燕帖木儿两大家族的势力所控制,没有机会实现他的政治抱负,只能"深居宫中,每事无所专"。在摆脱两大家族的控制后,元顺帝又落入了右丞相伯颜的控制之中。至元六年,也就是

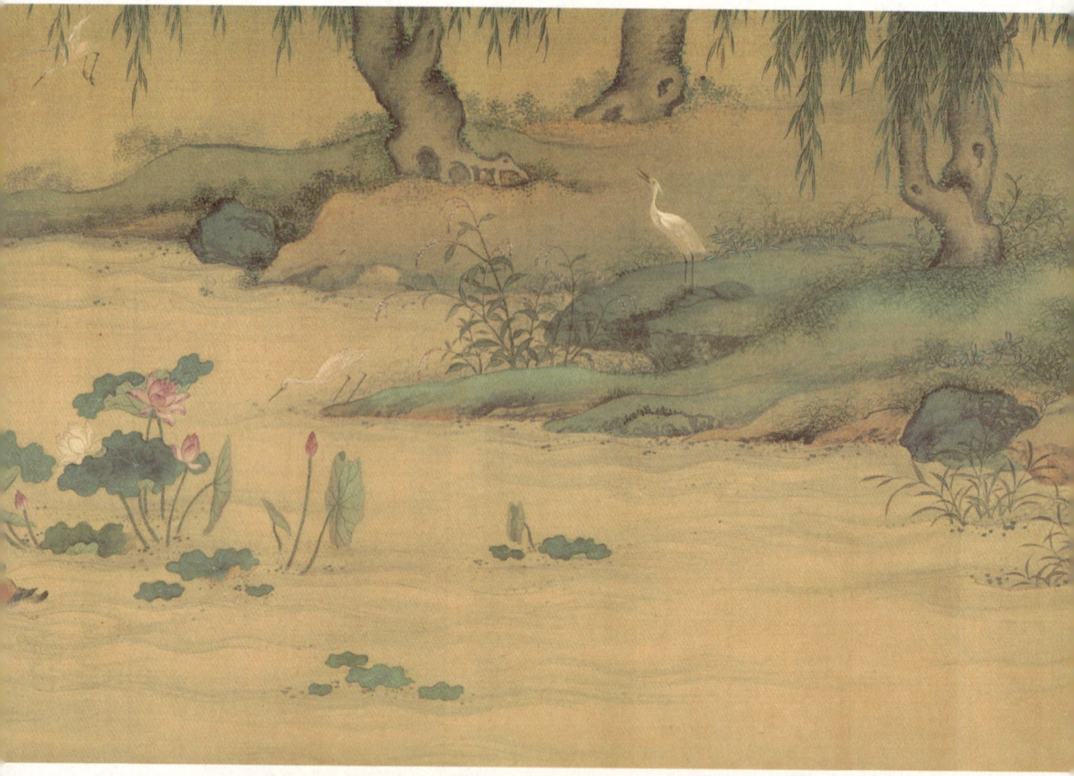
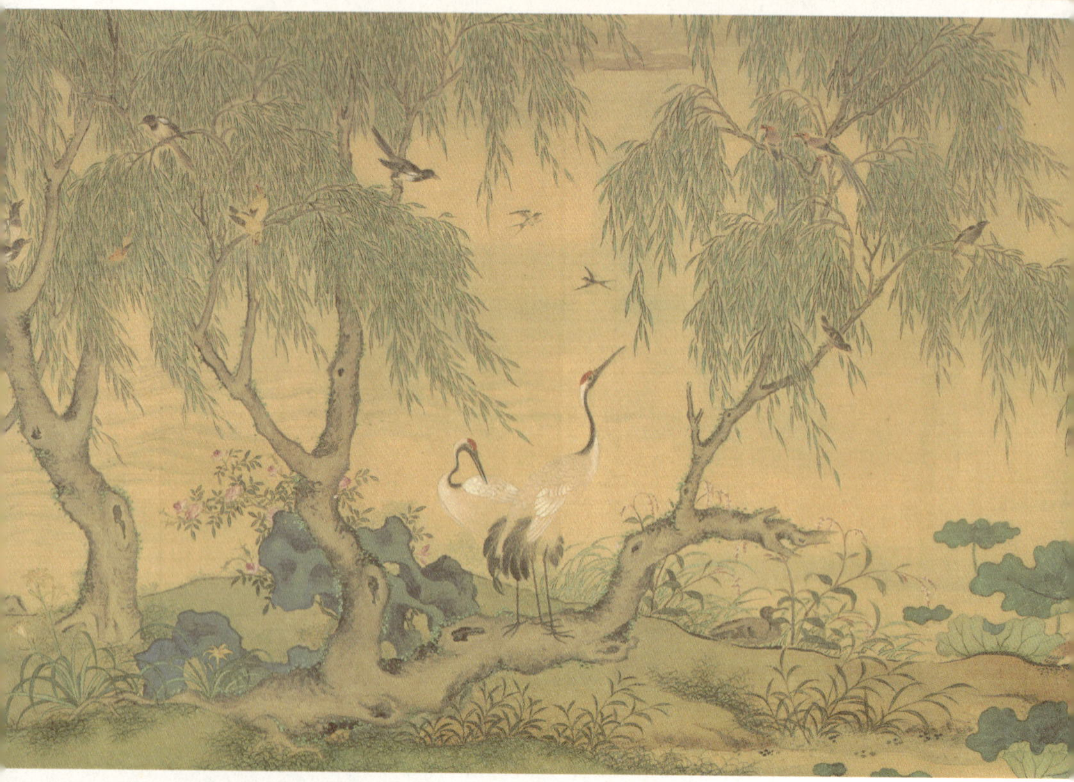

《莲池禽戏图》卷
（元）王渊 收藏于中国台北"故宫博物院"
纵30.3厘米，横301.1厘米。

1340年，依靠伯颜之侄脱脱的帮助，元顺帝才得以控制政局。他掌握实权后，实施"至正新政"，废除了很多排斥汉人的政策，恢复科举，修撰辽、金、宋三朝历史，治理黄河，可以说是政绩斐然。然而，没过几年，中原大地赶上了灾害多发期，天灾不断，百姓流离失所，让他逐渐感到有心无力。执政后期逐渐怠政，纵情享乐成了他生活的重要内容。

元顺帝统治的后期是元朝最奢侈、最腐败的时期。忽必烈建造的宫殿富丽堂皇，却无法满足元顺帝享乐的要求。为了纵情欢娱，他特意建了许多游玩的设施。在元顺帝的御花园里，有一座专供宫中嫔妃游乐洗澡的皇家浴池，叫漾碧池，这座华丽的浴池及附属设施都是他用来供自己消遣享乐的场所。

元顺帝的漾碧池恐怕是天下最华丽的浴池，池中除了有香料浸泡的碧水外，还有白玉做成的奔马、白鹭、荷花、牡丹等雕塑。从漾碧池建成之日起，元顺帝就每天光临这里，带着如花似玉的嫔妃宫女歌舞击筑，尽情嬉戏。元顺帝的嫔妃数量在元代皇帝中是最多的，最保守的估计也不下数百人。由于人数众多，有些嫔妃进宫几年还未见过顺帝一次。有了漾碧池后，嫔妃们可以聚集在这里，大大增加了见到顺帝的机会，所以也都十分高兴，一个个使出浑身解数尽力引起元顺帝的注意。置身于这样一群天生尤物之中，放眼望去，春光无限，让元顺帝身处巨大的温柔乡中，自然流连忘返，不愿出来。

元顺帝的妃子虽然很多，但真正能让他放在心上的只有一人，那就是端庄温柔、贤淑可人的戈小娥。元顺帝最喜欢戈小娥出浴后瀑布一样的长发和白玉般光洁滑腻的皮肤，每次在漾碧池中享乐时，戈小娥总是离他最近的人。戈小娥的笑声令元顺帝心醉神迷、心旌荡漾，根本无视宫外风起云涌的农民起义，记不起还有国家大事需要他处理。

元顺帝在漾碧池中度过了他在中原地区最后的日子。1367年，随着起义大军逐渐逼近大都，全无斗志的元军屡战屡败。在义军渐近的马蹄声中，元顺帝带上近臣和嫔妃，仓皇逃出皇宫，离开居庸关向北，跑回了祖先起兵的草原老家。此后，他豪华的皇宫和皇宫中华丽的碧漾池，就成为只能在梦中才能见到的风景了。

朱元璋的帝王之宅

北京作为都城的历史在明太祖朱元璋定都建康后被迫中断。

朱元璋是安徽凤阳人，他出身贫寒，早年做过放牛娃，也当过和尚。元末，他投奔在濠州起兵造反的郭子兴，成为郭子兴手下的一名亲兵。因作战勇敢，同时又富于谋略，朱元璋逐渐赢得了郭子兴的赏识，郭以义女相许，收他为女婿。后来郭子兴病死，朱元璋凭借战功显赫而成了红巾军的领袖。登上统帅的宝座后，朱元璋依靠刘伯温、徐达等一班谋臣勇将，横扫蒙古大军和各路起兵反元的义军，成为实力最强的一股政治力量。1368年，朱元璋在应天府（南京）称帝，建立了明朝。登基之初，他便命人"卜地定作新宫"，重建新都，最终选定了一块"钟阜龙蟠""帝

明太祖像

选自《历代帝后像》轴　佚名　收藏于中国台北"故宫博物院"

明太祖朱元璋（1328—1398年），布衣出身，推翻了蒙元统治，建立明朝，年号"洪武"。在位时奖励农耕，兴修水利；政治上，整顿官吏，惩治贪官污吏等，使社会得到了进一步的发展，史称"洪武之治"。

明太祖孝慈高皇后马氏像

选自《历代帝后像》轴　（宋）佚名　收藏于中国台北"故宫博物院"

元末起义军领袖郭子兴的养女（1332—1382年），明太祖朱元璋的结发妻子。马皇后生活上一直保持节俭，并以身作则，克俭克勤，使人敬服。

中山王徐达像

佚名

徐达是明太祖朱元璋幼年好友，成祖朱棣的岳父，仁宗之外祖父。朱元璋平定天下后，大封诸将为公侯。朱元璋在鸡鸣山立功臣庙，以徐达为首。死后追封中山王，谥号武宁，赐葬钟山之阴。

常遇春像

佚名

常遇春（1330—1369年），字伯仁，号燕衡，明朝开国将军。元末投奔朱元璋，攻元大都，封鄂国公。洪武二年（1369年）卒于军中，追封开平王，谥号忠武，配享太庙。

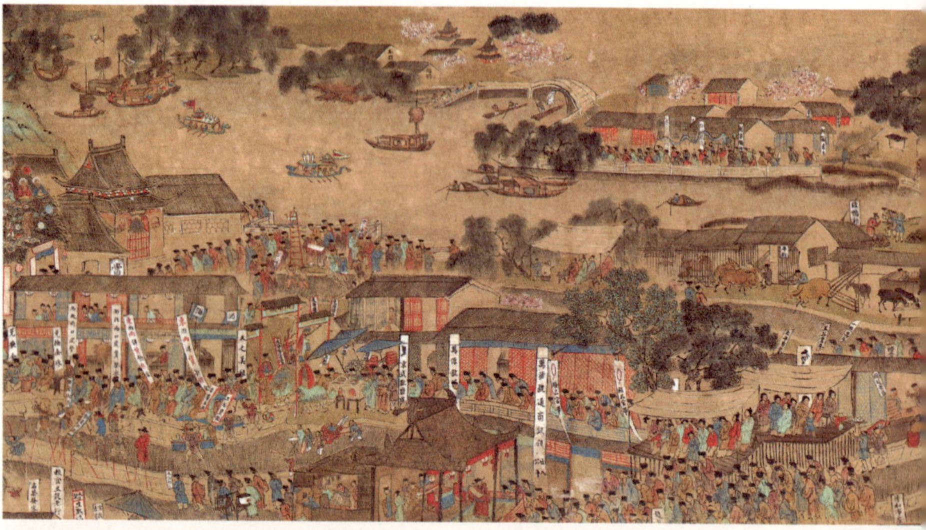

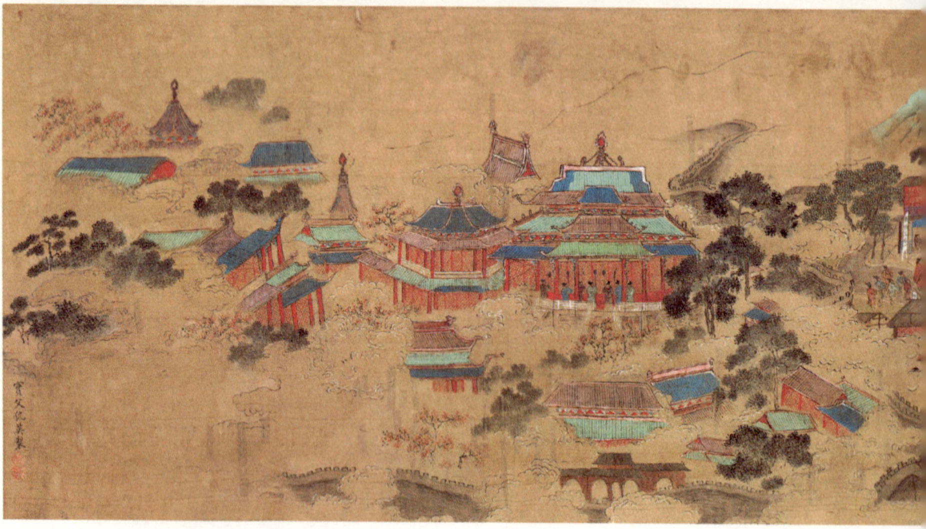

《**南都繁会景物图**》卷

（明）仇英　收藏于国家博物馆

纵44厘米，横350厘米，此画描绘了明朝留都南京市井的情形，素有南京本土的《清明上河图》之誉。画面详细描绘了南京城市井商业之盛况。

王之宅"的风水宝地，作为新皇宫的基址。在建设新都南京的同时，朱元璋命令大臣徐达破坏了已沦陷的元大都北京，并将它重新命名为北平。元朝的故宫在这场浩劫中荡然无存，而这样做的目的不过是为了消除前朝的"王气"。

南京皇宫就是在这样的情况下隆重开工的。由于连年战乱、国库空虚，南京皇宫的建造从一开始就定下了朴素的基调。事实上，在定都南京之前，朱元璋已经花费了大量的财力、物力和人力，在家乡凤阳修建中都宫殿。中都宫殿规模庞大、奢侈豪华，最后因地理位置、劳民伤财和大臣反对等原因半途而废。也正因为如此，才有了新宫殿"但求安固，不事华丽，凡雕饰奇巧，一切不用，唯朴素坚壮，可传永矣"的基调。南京皇宫在朱元璋的期盼中终于落成，虽然少了些奢华，却依然巍峨牢固，异常壮观。

宫殿建好后，朱元璋又决定扩建城郭。此时明朝的府库更加空虚，根本拿不出修城所需的钱财。于是，朱元璋打起了商人的主意，他找到了当时的商人沈万三，要他分筑东南的一半城墙。接受任务后，沈万三立刻拿出白银千锭、黄金百斤，召集工匠与政府负责的西南段城墙同时开工。结果，沈万三负责的东南段城墙比官府负责的西南段城墙提前3天完工。相传当时有人嫉妒他，说他家有聚宝盆。沈万三怕因此惹上麻烦，就宣称筑建南门时把聚宝盆埋在城下了，不然城就建不起来。这也是现在人们所称的"南京聚宝门"之名的由来。

沈万三以一己之力筑起半座南京城的城墙，且进度超过国家，让朱元璋感到非常尴尬。城墙筑好后，沈万三又提出代为犒赏三军的想法，终于触到了朱元璋的痛处。朱元璋接到奏折后勃然大怒，认为有这样实力的商人对朝廷来说绝对不是好事，便以犯上作乱为名，要将他诛杀于市。后来，幸亏朱元璋的马皇后苦口婆心地劝说，这才将诛杀改为流放，沈万三全家被迫迁居云南，财产全部被没收。

生性多疑的朱元璋终于坐进了巍峨的皇宫之中。沈万三的所谓威胁对他来说最多只是面子上的不快，曾经出生入死的一干臣子才真正让他感到不安。为了稳固自己的江山，他不断分封朱姓王爷，并削减异姓臣子的力量。

朱元璋将目光投向了徐达等一帮生死兄弟，这些兄弟是否和自己一心成了他最大的心病。为了了解他们的忠诚度，朱元璋曾多次试探，但都被徐达等人应付过去。然而，尽管徐达聪明过人，最终也没能逃脱被除掉的命运。后来，徐达得了背疽症，此症最忌吃鹅，朱元璋便故意差人送鹅，让徐达在谢恩声中悄然死去。还有诸多开国功勋，当他们的势力威胁到皇权时，都被一一除掉。

直到这时，朱元璋才感到了一丝的安全，放心地在他的皇宫中享受起了做皇帝的舒爽。可惜这样的日子还没延续多久，宫里发生了一件大事，这就是太子朱标意外地英年早逝。朱标死后，朱元璋悲痛不已，为避免自己的儿子们争夺皇位产生矛盾，加上朝臣拥戴，朱元璋最终还是选择了嫡传的朱标之子朱允炆，这为燕王朱棣与其侄允炆之间的皇位争夺埋下了伏笔。此后直到朱元璋去世，朱允炆继位，这种在暗地里的争斗从未停止。

午门的血迹石

建文帝朱允炆接替朱元璋登上皇位，空有"仁明孝友，天下归心"的美德，却缺少治国安邦的宏图大略，施政全靠黄子澄、齐泰和方孝孺等人。在朱允炆登基初期，被朱元璋分封到各地的藩王日渐权重，根本不把年轻的朱允炆放在眼里。为了稳固自己的皇位，消除来自各地藩王的威胁，朱允炆决定听从黄子澄的建议，进行削藩。

朱允炆削藩的想法其实在朱元璋在世时就已有了。据说有一次朱元璋对朱允炆说："现在朝廷里没有了跋扈的大臣，四方外又有朱姓藩王的镇守，你将来可以不必担忧，垂拱而治了。"朱允炆听了，反问道："藩王忠于国家当然最好，但是如果他们起兵造反，该怎么办呢？"朱元璋一下子被孙子问住，不知如何回答。朱允炆趁机讲出了以削藩消除隐患的想法，并得到朱元璋的认可。

《明成祖朱棣像》轴

佚名/原作　此为（现代）杨令茀摹本　收藏于北京故宫博物院

纵347厘米，横176厘米。朱棣，明太祖朱元璋第四子，原为燕王，后发动『靖难之役』从侄子建文帝朱允炆手中夺位。年号『永乐』，谥号『文皇帝』，庙号太宗，后改『成祖』。

明朝洪武三十一年（1398年）朱元璋死后不久，朱允炆便正式开始削藩，按照黄子澄的主意，他选择了实力较弱的周王作为第一个削藩的对象。

在朱允炆的智囊团中，黄子澄是主张削藩最坚决的一个。朱元璋在世时，朱允炆和黄子澄曾在皇宫的东角门边有过一次著名的谈话，当时朱允炆问黄子澄将来自己登上皇位后，假如藩王造反该怎么办才好？黄子澄当时便说，藩王虽然拥兵自重，但毕竟实力有限，与朝廷不可相提并论。如果有人反叛，只要顺天意征讨，肯定能取得胜利。黄子澄的话当时就给了朱允炆莫大的信心。现在正是削藩的关键时候，黄子澄自然是朱允炆最依赖的臣子。于是，在没有确凿证据的情况下，朱允炆派李景隆带兵包围周王府，以谋反的名义将周王押回京城，然后又将他贬为庶人发配云南。接着，朱允炆又先后对湘王、代王等藩王下了手，不到一年的时间，就削除了5个藩王的爵位。眼看朱允炆已经下手了，盘踞在北平的燕王朱棣知道迟早会轮到自己，于是装疯卖傻，想方设法躲过这场灾难。朱允炆虽然得到了朱棣疯癫的报告，但还是不放心，仍然下旨剥夺了他的爵位。朱棣本来对朱允炆做皇帝一事就不是特别满意，现在他削藩到了自己头上，眼看不达目的誓不罢休，于是朱棣以剿灭朝中奸臣为名，揭竿而起，直捣南京。

朱棣的大军从北平出发，很快就控制了北方的大片地区，朱允炆先后派耿炳文和李景隆前去迎战，二人都大败而归。建文四年（1402年）六月，朱棣突破长江，攻陷南京。朱棣大军进入皇宫的时候，宫中忽然起火，建文帝朱允炆在一片慌乱中不见了踪影，他的结果如何给后世留下了一个千古谜团。

朱棣登上皇位，改年号永乐，是为明成祖。夺得皇位后，深谙治国之道的朱棣开始笼络人心，他首先瞄上了当时的大儒方孝孺。方孝孺是建文帝朱允炆身边的重臣，他与黄子澄、齐泰同为朱允炆智囊团的核心成员，还出任过《太祖实录》的总裁，负责推行对国家官员的改革制度，在当时的学者中间有很大的影响力。朱棣即位后，便请方孝孺为其起草即位诏书。方孝孺认为朱棣夺权为无道之举，坚决不服从，迫于无奈，竟一头撞在午门的石阶上，以身殉主。后来，午门的石阶上便留下了斑斑血迹，竟再也拭擦不掉，这就是我们今天仍能看到的午门"血迹石"。

在历经艰难后，朱棣终于坐在了朱元璋辛辛苦苦建造的宫殿中，然而，他并不留恋这座有皇帝宝座的宫殿，他心目中的帝王之都在千里之外，就是自己经营多年的北平。

燕王的紫禁城

尽管朱棣心在北平,但他仍在南京皇宫住了 19 年。

坐稳龙椅的第一年,即永乐元年(1403 年),朱棣根据礼部尚书李至刚的奏折,决定把"承运兴化之地"的北平改为北京,作为国都。为了尽快实现迁都北京的愿望,从永乐四年(1406 年)开始,朱棣便在全国各地征集工匠和民工北上,并派专门的大臣督办采木烧砖等事,为大规模的建都做准备。永乐十五年(1417 年),重建北京的工作正式启动,称得上是当时世界上规模最大的土木工程。永乐十八年(1420年),北京皇城的建设宣告完工。第二年,明成祖朱棣正式颁布圣旨,明王朝迁都北京。

朱棣弃南京迁都北京是一件轰动天下的大事,也是一个劳民伤财的举动。对于事端不断的明王朝来说,绝对是个巨大的负担。尽管如此,

《北京宫城图》
（明）佚名

纵163厘米，横97厘米。这是明早期绘制的北京宫城图。宫城即大内，又称紫禁城。紫禁城于永乐四年（1406年）始建，永乐十八年（1420年）基本完成，是在元大都宫殿遗址上兴建的。前部为奉天殿、华盖殿、谨身殿，东文华殿，西武英殿，后部为乾清宫、交泰殿、坤宁宫。明成祖时期修建的宫城仅有内城，在嘉靖年间才扩建外城。

朱棣依然排除干扰，强行迁都，让很多人难以理解。其实，朱棣迁都固然有政治上的考量，但同时也有地理上的因素。在冷兵器时代，北京在军事上可以说有着独特的地理优势，它"左环沧海，右拥太行，北枕居庸，南襟河济"，大小关口有百十余座，易守难攻，可有效地控制北方大片的土地。另外，北京的经济也有非常便利的条件。这里"会通漕运便利，天津又通海运"，便于货物转运，是理想的商品集散地，这就使它具备了繁荣的基础。迁都的理由如此之多，明成祖北迁也就成了顺理成章的事情，北京皇城也终于可以在世人面前展现它的雄伟姿态了。

朱棣的皇宫无论是建筑面积和工艺水平都远远胜过朱元璋所建的南京皇城，除了规模宏大之外，这座皇城还暗含了无数的玄妙，它每一处细节的设计都异常讲究。

朱棣修建的皇宫被后人称为紫禁城，此名便是由皇宫最初的名字"紫微宫"演变而来。在古人的认识中，紫微、太微及天帝三垣都处于苍穹中央，其中紫微垣为中央之中，是天帝所居之处。既然是天帝住的地方，天子当然也该居于此处，紫微宫之名由此被定了下来。由此推演，其他一些宫殿也都有了相应的意义：奉天殿（太和殿）、华盖殿（中和殿）、谨身殿（保和殿）象征天阙三垣。三大殿又下设三层台阶，象征太微垣下的"三台"星。以上是"前朝"，属阳；与之对应的则是"后廷"，属阴。"后廷"是皇帝与后妃们生活居住的场所，它也应了紫微垣的布局，居于中央的乾清宫、坤宁宫和交泰殿（明初无交泰殿）三宫同居于左右两侧的东西六宫，组成了15个宫殿，暗合紫微十五星之数。在紫禁城中，阴和阳也不是绝对的分开，比如内寝中皇帝居住的乾清宫就与皇后居住的坤宁宫相对，是为"阴中之阳"，而午门后的五城楼又称为"五凤楼"，应属"阳中之阴"。

北京的紫禁城在数量上也暗含了易理的许多内容。易卦中阳为九，九是极数，为皇帝专用，"九五之尊"即专指皇帝，9和5也就成了皇宫中最常见的数字：皇帝的用房阔9间，深5间，这个数字普通百姓建房时绝对不可触碰；整座皇宫的房间总数为9999间半，也暗含九五；皇宫的后花园有九龙壁，宫中有九龙椅，宫门横九纵九共有九九八十一颗门钉；宫殿檐角的兽饰为9个，角楼的结构为九梁十八柱；等等。毫无疑问，这些标示尊贵的数字变成具体的建筑，已经够让人眼花缭乱的了，但与数字相关的地方还不仅仅这些。北京皇城的中轴线上分布了近30座主要建筑，这些建筑无一不是北京皇城的重要部分。如果丈量一下从永定门到钟楼的距离，就会发现它们的长度正好是15里，这个数字恰好是洛书的方位常数。

　　同整个宫殿的建筑理念一样，紫禁城的色彩也有说法，它所反映的是中国传统的五行思想。比如，黄色是皇宫的基本色调，它所表达的含义即是五行中的"土"。土在方位上居中央，为万物之本，皇帝则是万民之本，其中所蕴含的意象不言而喻。另外，因北方属"水"，皇城北面的天一门便为黑色，而惧火的藏书之所文渊阁也用了属水的黑瓦黑墙。至于皇帝的宫殿，总寄托着人们的一些期望，所以，宫墙和殿柱用了属火的红色也就不足为奇了。

铲除鳌拜的乾清门

北京的紫禁城是中国宫殿史上的集大成之作，无论从建筑的角度还是文化的角度去看，都足以让后人自豪。作为中国封建王朝最后一座宫殿，紫禁城历经明清两朝数次修饰重建，变得越来越精美，吸引了越来越多的关注目光。从明成祖朱棣迁都北京至清宣统帝溥仪被迫退位，紫禁城经历了近500年的风风雨雨，其间发生的故事是明朝中叶到清朝末年中国历史的一个缩影。这些故事在展示明清政治、文化、历史面貌的同时，也把历史的发展脉络梳理得更为清晰。与此同时，这座皇城的全貌也通过这些生动的细节展现在了世人的面前。

发生在紫禁城中的故事数不胜数，有些事对历史的进程都产生了重要的影响。康熙与鳌拜的争斗即是如此。

康熙铲除鳌拜的事件发生在紫禁城后三宫的乾清门。后三宫是与三大殿相对应的3座建筑，分别是指乾清宫、交泰殿和坤宁宫，它们的名字取自《周易》。在《周易》中，"乾"即象征"天"，代表"男"；"坤"象征"地"，代表"女"，而"泰"字则有"平安、畅通"的意思。所以，后三宫的寓意即为"天地交泰"，预示着阴阳平衡、万物吉祥，也寓意皇帝和皇后、妃子关系的和谐。后三宫都坐落在故宫的内廷，也就是皇帝的生活区内。乾清宫是后三宫的第一宫，它前边的乾清门也就成了进入后廷的第一条通道。乾清门是内廷的正门，它的四周有石栏环绕，门前列有金狮两座，东西两面分别是通往外东路景运门和外西路隆宗门。进入乾清门内，就算进入了内廷，它的东面有可供皇子读书的上书房，西面则是内廷翰林的值庐，也叫南书房。

康熙铲除鳌拜时年纪尚小，上书房一带正是他日常活动的主要区域。康熙是顺治皇帝的第三个儿子，全名为爱新觉罗·玄烨。他从小就十分聪明好学，深得顺治的喜爱。顺治去世时，康熙刚刚八岁，弥留之际的顺治指定他作为皇位的继承者，并让索尼、苏克萨哈、遏必隆和鳌拜辅佐朝政。在4个大臣中，鳌拜势力最大，顺治死后，没人约束的他更是日趋骄横，根本不把其他人放在眼里，对年幼的康熙当然也不在话下。康熙刚即位时，朝中大事都由鳌拜把持，鳌拜决定了的事情，康熙必须答应，否则他就会在朝堂上大声吵闹，直到康熙同意为止。有一次，康熙提拔了一个官员任户部尚书，没想到鳌拜想让另一个人担任这个职务，君臣间就此发生了争执，最后的结果是各退一步，双方指任的官员同时赴任，出现了一个户部两个尚书的奇怪现象。鳌拜的专权让幼小的康熙深为不满，康熙14岁时，按规定应该亲政了，可鳌拜仍旧把持大权，不愿放手。康熙暗暗发誓，决心尽早除掉这个心腹之患。

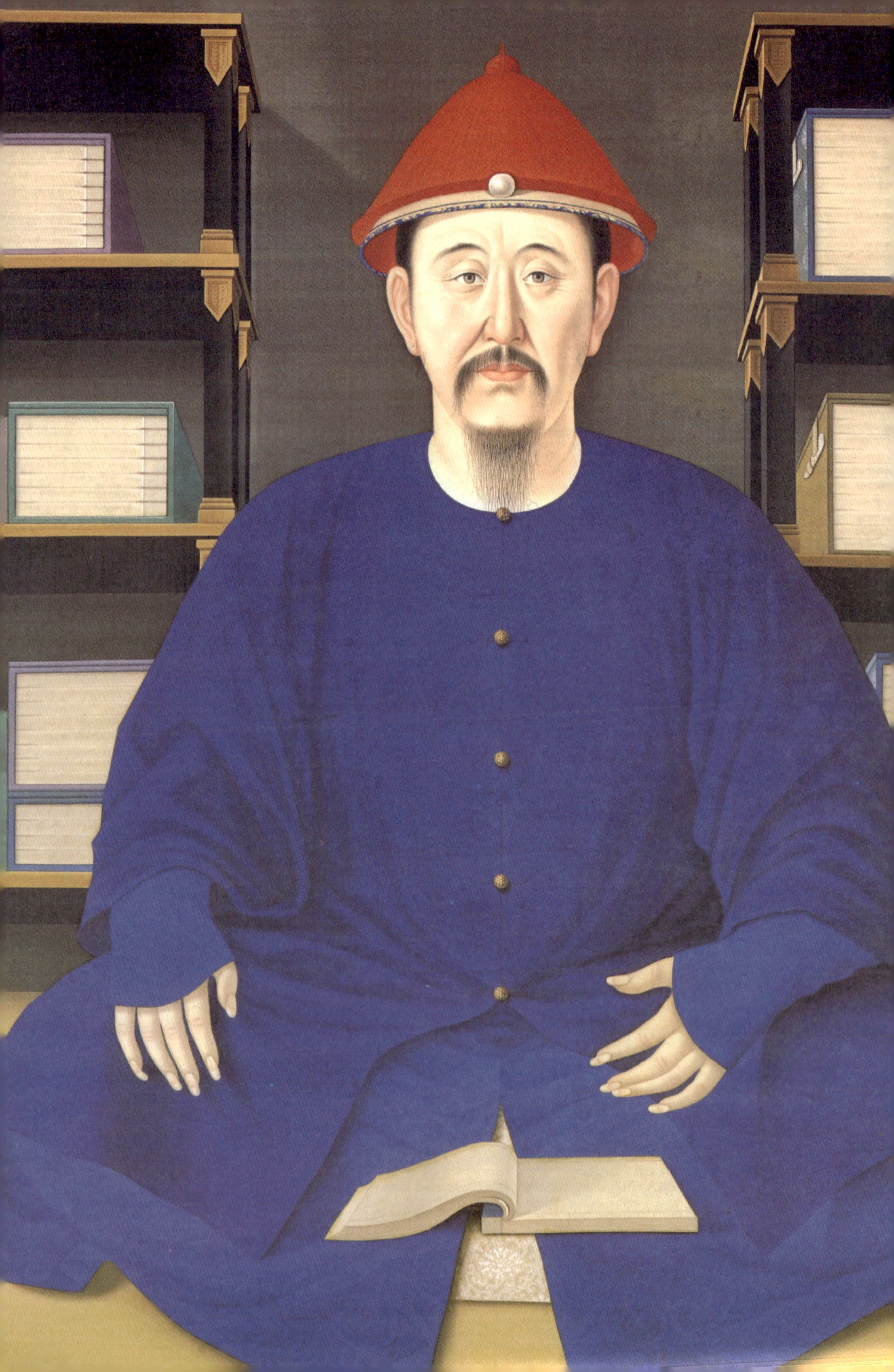

▼《康熙帝读书像》轴

（清）佚名 收藏于北京故宫博物院

纵138厘米，横106.5厘米。清圣祖康熙皇帝，本名爱新觉罗·玄烨（1654—1722年），清世祖顺治皇帝之子。康熙共统治清朝60年，在他的统治期间收复了台湾，驱逐了边境的沙俄势力，平定准噶尔动乱，巩固了朝局的稳定。1722年病逝，谥号合天弘运文武睿哲恭俭宽裕孝敬诚信功德大成仁皇帝，葬于清东陵景陵。

《鳌拜像》

（清）佚名

横125厘米，纵193.7厘米。鳌拜，清初权臣，出身瓜尔佳氏，满洲镶黄旗，康熙帝早期辅政大臣之一。晚年操握大权，于康熙八年（1669年）被康熙设计拘捕，老死狱中。

决心下定后，康熙开始行动。鳌拜自称为满洲第一武士，勇武过人，一般人很难对付。为了实施自己的计划，康熙亲自挑选了上百名十几岁的皇族少年，每天和他们一起练习摔跤，演习武艺，同时也向他们灌输效忠皇帝的思想，使他们逐渐成了自己的亲信侍卫。康熙八年（1669年）的一个夏天，鳌拜称病不来上朝，有人向康熙报告说鳌拜在家中准备谋反。康熙为了探听虚实，亲自来到鳌拜府中。在鳌拜的卧室，他发现了席子底下藏着的利刃，便知道鳌拜心怀不轨。为了稳住鳌拜，他不但没有指责什么，反而以"满洲勇士，身不离刀，乃是本色"安抚他。鳌拜听了，觉得康熙糊涂至此，应该没什么威胁，便完全放松了警惕。

康熙见时机成熟，决定对鳌拜下手。他让人召鳌拜进乾清门见驾，说有要紧事跟他商议。鳌拜得信后大摇大摆地走进乾清门，不料一进门便被康熙培养的小侍卫放倒在地。鳌拜感觉不妙，仗着身强力壮，一使劲儿把小侍卫们甩倒一片。但是，这些侍卫平时受康熙恩宠，一个比一个忠诚勇猛，尽管敌不过鳌拜，仍然死死缠住他不放。趁着鳌拜还没脱身的时候，康熙拿出早已准备好的匕首，一下刺进鳌拜的胸中。带伤的鳌拜终于抵挡不过众手，被侍卫们当场擒获。

少年康熙以过人的才智和勇敢在乾清门除掉鳌拜，扫清了阻碍他大展宏图的羁绊，开始了真正的亲政历程。

牌匾后的密诏

从乾清门进去，就是乾清宫了。乾清宫是皇帝的寝宫，也是他进行日常活动的主要场所之一，每年元旦、中秋及一些重要节日，皇帝都要在这里举行内廷典礼或设宴款待皇族成员。另外，清朝时的很多外事活动也在这里举行，如光绪年间，光绪皇帝就经常在此接见外国使节，接受各国送来的国书。同太和殿一样，乾清宫也置有皇帝的宝座。在乾清宫的皇帝宝座前，摆放着一只长相怪异的木雕怪兽，这只怪兽长有一只犄角，生有四足，毛色发青，外形似羊非羊，名叫獬豸。在传说中，獬豸"性忠直"，具有超人的智力，可以本能地分清是非曲直。摆放獬豸有皇帝要秉公办事、不徇私情的寓意。同样的意思在乾清宫还表现在其他一些地方，比如在乾清宫的正中，就悬挂有一块巨大的牌匾，牌匾的上写有"正大光明"4个大字。

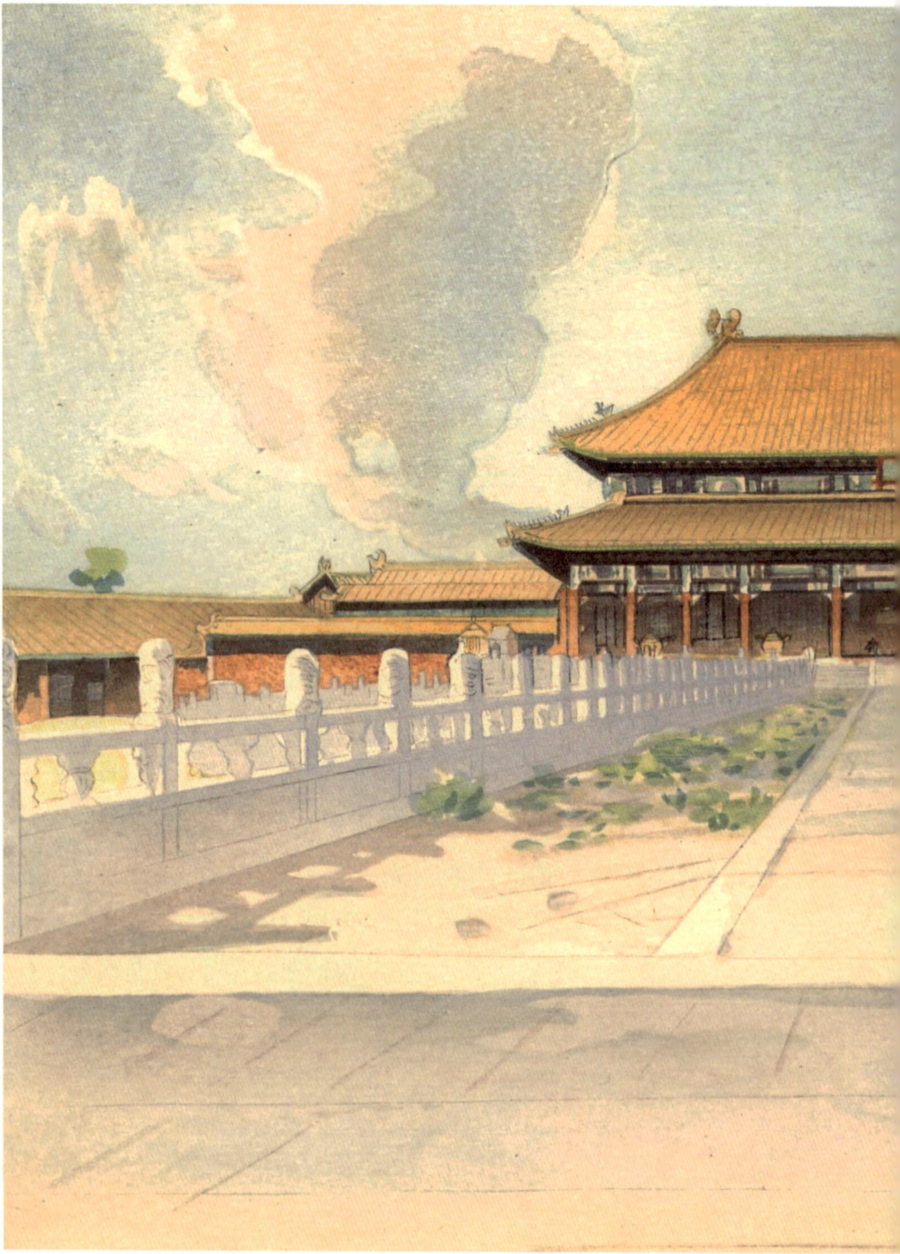

乾清宫

选自《北京皇城建筑装饰》 [日]伊东忠太等/编著

乾清宫始建于明永乐年间,为重檐庑殿顶式宫殿建筑。明朝至清朝康熙以前,乾清宫都作为皇帝居住的寝殿。自清雍正皇帝将寝宫移至养心殿后,这里便成为皇帝召见臣子、批改奏折、处理政务的场所,一些重要的宴会也会在这里举行。

"正大光明"四个字取自《周易》,《周易》中有"大者,正也。正大,而天地之情可见矣"(《周易·大壮卦》)和"刚中正,履帝位而不疚,光明也"(《周易·大壮·彖辞》)的说法。在封建社会,皇帝总想让人认为他的统治是正大光明、顺应天意的。"正大光明"牌匾由清世祖顺治入主紫禁城后题写,后又经过乾隆皇帝的再次临摹。乾隆皇帝是一个文采颇佳的帝王,题词写字是他的一大爱好,但临摹"正大光明"牌匾却不仅仅是他的一个爱好那么简单。据史书记载,他的即位就与这块牌匾有着极大的关系。

清朝第四位皇帝康熙是中国古代少有的开明皇帝之一,他在位60年,中国疆域辽阔、国力日盛。他生有35个皇子,与汉族的统治者不同,清朝并没有沿用嫡长继承的传位制度,而是采取"立贤不立长",因此康熙将来的皇位传给谁就成了一个大的问题。为了争夺皇位,康熙的儿子们开始了一场血腥的争斗,而康熙在挑选太子时的优柔寡断使争斗更为激烈。最初,康熙立他与皇后的儿子胤礽为太子,后因故废掉,再立,后又再废。一再出现的机会直接导致了众皇子的骨肉相残。后来,四子胤禛和十四子胤禵在这场争斗中占得了上风,得到了康熙的认可。最终,四子胤禛赢得了胜利,登上了皇位,是为雍正皇帝。关于雍正的登基,民间流传有多种说法,有人说他把康熙书写的"传位十四子"的遗诏改成"传位于四子",才登上皇位,也有人说是康熙临终时,他买通权臣来到榻前,康熙想等的本是十四子,失望之余就以念珠扔他,雍正顺手接过念珠,即顺理成章地继承了皇位。

雍正做了皇帝后,对康熙因立太子之事而造成的兄弟相争的事实仍然心有余悸。为了使后代不再出现这种情况,他建立了一种不同以往各朝代的皇位世袭制度,即秘密建储。根据秘密建储的规定,雍正皇帝亲自书写了两份储君谕旨,把继位者弘历的名字写进了密诏里。这封密诏

《雍正帝读书像》轴
（清）佚名　收藏于北京故宫博物院

爱新觉罗·胤禛（1678—1735年），康熙第四子，清朝第五位皇帝，也是清朝定都北京后的第三任皇帝。雍正帝在位期间，改革财政，加强对少数民族的统治，对历史上的"康乾盛世"起了至关重要的作用。庙号世宗，谥号敬天昌运建中表正文武英明宽仁信毅睿圣大孝至诚宪皇帝，葬于清西陵泰陵。

《乾隆皇帝大阅图》

（清）郎世宁　收藏于北京故宫博物院

纵430厘米，横288厘米。乾隆认为「骑射乃满洲之根本」，所以他十分重视军队的建设，此图描绘的正是乾隆亲临南苑检阅八旗军的队列及各种兵器、火器的操练等的一次大阅兵活动。

《万国来朝图》

（清）佚名　收藏于北京故宫博物院

纵 299 厘米，横 207 厘米。此画描绘的是清藩属国以及外国使团来紫禁城向清朝天子进贡礼品的场面。这幅画充分展现了清朝作为"天朝大国"接受万国朝贡的空前盛况。

一式两份，一份由雍正自己保管，另一份就收藏在了"正大光明"的牌匾之后。雍正死后，众臣取出匾后的密诏，与雍正自己保存的手诏当场拆封，核对无误后，拥弘历登基，改年号乾隆，乾隆便成了第一个因秘密建储而登基的皇帝。

乾隆继承了雍正的皇位，也继承了雍正的秘密建储制度。乾隆一生两次秘密立储，第一次立的太子是永琏，立储的日期在乾隆元年（1736年）七月初二。可惜永琏命短，只活了3岁就不幸夭折。又过了35年后，乾隆再次立储，仍然将密诏藏于匾后。乾隆退位后，众大臣们按照传统做法打开收藏御书的铁匣，宣布嘉庆登上帝位。

从嘉庆到道光，再到咸丰，清朝的帝位继承一直沿用秘密建储制度。之后这一制度便不再被使用。秘密建储制度消亡的原因并不是统治者又找到了新的立储方法，而是出于无奈。靠这一方法走上帝位的咸丰只有一子，还未立储此子便因动乱早逝，此后的同治更是连子嗣也没有留下。如此，颇有创意的秘密建储制度只能自行废止了。

二十五颗宝玺

故宫最著名的建筑除了三大殿外，就数后三宫了，与三大殿相对应的后三宫即乾清宫、交泰殿和坤宁宫。乾清宫往后走不远，就是交泰殿了。

交泰殿为一座平面为方形、四角攒尖顶的宫殿，是皇后举行生日庆典的地方，也是内廷生活的计时之地。为了方便看时间，交泰殿里专门设有钟楼，钟楼里有一座古老的自鸣钟，这座自鸣钟由清朝的内务府造办处制作，不仅样式精美，走得也非常准，至今仍能按点报时。

除了自鸣钟外，交泰殿还有其他可以知晓时间的工具，在它的东边，就有用于计时的铜壶滴漏。铜壶滴漏也叫作"漏壶"，同时又有"漏刻""铜漏"等名称。"漏壶"有两种，只有一个贮水壶的叫单壶，有两个或两个以上贮水壶的叫复壶。"漏壶"的工作原理较为简单，它的壶底有一个细孔，壶内则竖有一支箭形浮标，浮标上刻有相应的度数标号。

使用时，要先把水注入壶中，水从底部的小孔中慢慢漏出，水位逐渐下降，浮在水中的箭形浮标也随之下降，通过观察箭形浮标落在壶沿口的刻度，便可知道时间。"漏壶"至少在西汉时就已经出现，只是计时误差较大，到清朝时，这种古老的计时器已经发展得非常完善。以交泰殿的这组"漏壶"为例，它除了装有更为复杂的计时装置外，时间的划分也更为精细准确了。

作为故宫重要的宫殿之一，交泰殿的功能不仅只有以上两项，从乾隆十三年（1748年）开始，它承担了一项意义更为重大的任务，那就是存放皇帝的宝玺。

存放在交泰殿的宝玺一共有25颗，正如故宫中的所有陈设安排一样，皇帝宝玺的数目同样有讲究。之所以为25颗，据说也是取自《周易》。《周易》称"天数二十有五"，按古人的认识，天为阳，地为阴，同时单数为阳，双数为阴。以阳数的1、3、5、7、9相加，得到的便是25的天数。用这个天数来定宝玺的数目，其实含有清王朝绵延不止的寓意。当然，关于宝玺数目核定的说法也不止此一种，在乾隆晚年所著的《匣衍记》中，就谈到了宝玺的数目，"定宝数之时，密用姬周故事，默祷上苍，祈我国家若得仰蒙慈佑，历二十五代以长"。乾隆这里提到的"姬周故事"，指的是周平王迁都洛邑之事。平王迁都，开东周25代王业，使周成为我国历史上历时最长、国君代数最多的王朝。乾隆取25之数，所求的便是从他而起再传25代之久的兆头。

让乾隆费尽心机收藏的宝玺是真正的皇家之宝，它既是皇家权威的象征，也是皇帝发号施令的凭证，放置在交泰殿中的宝玺因此有了太多的神秘色彩。在这些宝玺中，最大的一颗底面见方有19.2厘米，最小的一颗底面见方有6.8厘米。乾隆的宝玺可以说是颗颗精品，有的用象征富贵的金玉做成，也有的用珍贵稀有的檀香木刻就，不管是哪种材质，

交泰殿内景　选自《清国北京皇城写真帖》　收藏于中国建筑图书馆

「大清受命之宝」及钤本

高12厘米，方印，长宽为14厘米。白玉盘龙钮。据《交泰殿宝谱》用于「以章皇序」，章作「彰显」之意，此印表明了皇帝的正统身份。

「皇帝奉天之宝」及钤本

高15.2厘米，方印，长宽为14厘米。碧玉盘龙钮。据《交泰殿宝谱》，用于「以章奉若」，此印表示皇帝顺天。

「大清嗣天子宝」及钤本

高7.6厘米，方印，长宽为7.9厘米。金交龙钮。据《交泰殿宝谱》用于「以章继绳」，效仿祖辈。

乾隆二十五宝玺

收藏于北京故宫博物院

在古代，皇帝的印章叫作「玺」，乾隆曾说：「盖天子所重，以治宇宙，申经纶，莫重于国宝。」历代皇帝都将玉玺作为其统治国家的权力象征，二十五宝玺是清乾隆皇帝时期象征国家权力的御用国宝，也是目前现存唯一一套完整的皇帝御宝。被放置于交泰殿宝盝内，由内阁保管，经皇帝批准后才能取出。

「皇帝之宝」及钤本
檀香木蹲龙纽。据《交泰殿宝谱》，用于「以肃法驾」，整理国家秩序。

「皇帝之宝」及钤本
岫岩玉交龙纽。据《交泰殿宝谱》，用于「以布诏敕」，大赦天下之印。

「天子之宝」及钤本
高6.4厘米，方印，长宽为7.8厘米。青玉交龙纽。据《交泰殿宝谱》，用于「祭祀百神」。

「皇帝尊亲之宝」及钤本

高6.1厘米，方印，长宽为6.8厘米。白玉盘龙纽。上皇太后徽号及上尊谥、庙号之用。据《交泰殿宝谱》，用于「以荐徽号」，尊崇、册封皇族成员。

「皇帝亲亲之宝」及钤本

高7.7厘米，方印，长宽为7.2厘米。白玉交龙纽。据《交泰殿宝谱》，用于「以展宗盟」，亲近亲王、向亲王颁旨之印。

「皇帝行宝」及钤本

高13厘米，方印，长宽为15.6厘米。碧玉蹲龙纽。据《交泰殿宝谱》，用于「以颁锡赉」，办公用印，封赏之印。

「皇帝信宝」及钤本

高6.5厘米，方印，长宽为10.5厘米。白玉交龙纽。据《交泰殿宝谱》，用于「以征戎伍」，征兵之印。

「天子行宝」及钤本

高13.8厘米，满文方印，长宽为15.5厘米。碧玉蹲龙纽。据交泰殿宝谱》，用于「以册外蛮」，册封外藩之印。

「天子之宝」及钤本

高8.5厘米，方印，长宽为12.1厘米。青玉交龙纽。据《交泰殿宝谱》，用于「以命殊方」，给其他国家颁旨的凭证之印。

「敬天勤民之宝」及钤本

高9.8厘米，方印，长宽为10厘米。白玉交龙纽。据《交泰殿宝谱》，用于「以饬觐吏」，京外官员来京朝见时颁旨之印。

「制诰之宝」及钤本

高14.7厘米，方印，长宽为13厘米。青玉交龙纽。据《交泰殿宝谱》，用于「以谕臣僚」，降旨训示官员之印。

「敕命之宝」及钤本

高9厘米，方印，长宽为11.3厘米。碧玉交龙纽。据《交泰殿宝谱》，用于「以钤诰敕」，降旨颁敕命之印。

「垂训之宝」及钤本

高10.5厘米，方印，长宽为13厘米。碧玉交龙纽。据《交泰殿宝谱》，用于「以扬国宪」，宣扬国家制度之印。

「命德之宝」及钤本

高10.4厘米，方印，长宽为13厘米。青玉交龙纽。据《交泰殿宝谱》，用于「以奖忠良」，降旨奖赏忠良之印。

「钦文之玺」及钤本

高9.8厘米，方印，长宽为11.7厘米。墨玉交龙纽。据《交泰殿宝谱》，用于「以重文教」，重视文化教育之印。

「表章经史之宝」及钤本

高13.2厘米，方印，长宽为15.3厘米。碧玉交龙纽。据《交泰殿宝谱》，用于「以崇古训」，尊崇古训之印。

「巡狩天下之宝」及钤本

高13.3厘米，方印，长宽为15.3厘米。青玉交龙纽。据《交泰殿宝谱》，用于「以从省方」，御驾出巡随身印章。

「讨罪安民之宝」及钤本

高13.9厘米，方印，长宽为15.3厘米。青玉交龙纽。据《交泰殿宝谱》，用于「以张戎伐」，讨伐内乱外侵时的随身印章。

「制驭六师之宝」及钤本 高10.8厘米，方印，长宽为17厘米。墨玉交龙纽。据《交泰殿宝谱》，用于「以整戎行」，颁布军令之印。

「敕正万邦之宝」及钤本 高10.7厘米，方印，长宽为13厘米。青玉交龙纽。据《交泰殿宝谱》，用于「以诰外国」，颁旨番邦属国之印。

「敕正万民之宝」及钤本 高10.4厘米，方印，长宽为12.6厘米。青玉盘龙纽。据《交泰殿宝谱》，用于「以诰四方」，昭告天下之印。

"广运之宝"及钤本

高15.6厘米，方印，长宽为19厘米。墨玉交龙钮。据《交泰殿宝谱》，用于"以谨封识"，宣扬天运，重视旌表纪念之印。

都显示了极其精湛的工艺。而交龙、蹲龙和盘龙的印纽，更是让每一颗宝玺都透出了无与伦比的尊贵，表明了使用者不同一般的身份。

除材质和大小不同外，乾隆宝玺的用途也各不相同。凡行皇位继承、任命大臣、对外交往、兴兵征伐和祭祀等事，都要用相应的宝玺，绝不可混用。比如，"天子之宝"主要用于祭祀，"垂训之宝"用于颁布国家大法，"命德之宝"用于奖励忠良，"皇帝行宝"用于赏赐馈赠，"钦文之宝"用于文化教育方面，"讨罪安民之宝"则用于对内叛外侵的征讨，等等。因应用对象的不同，宝玺所刻的文字也不尽相同，其中满文的"皇帝之宝"只刻有满文，"大清受命之宝"、"皇帝奉天之宝"和"大清嗣天子宝"有满、汉两种文字，余下的21颗则只有汉文或满文。在25颗宝玺中，用得最多的是"皇帝之宝"和"敕命之宝"，清前者的质地为檀香木，主要用于皇帝颁布的诏书，后者则用青玉雕成，主要用于发布赦免的圣谕。

乾隆的25颗宝玺最终没能让清王朝延续下去，从1616年努尔哈赤建大金至1911年宣统帝下台，清王朝历经295年，满打满算也只历12代，这还不到25代的半数。

光绪的婚房

坤宁宫是后三宫的最后一宫，建成后数次遭焚，分别在明万历三十三年（1605年）、清顺治二年（1645年）和嘉庆三年（1798年）重修。在明代，坤宁宫是皇后的寝宫，清代则主要成了祭神的场所，但中宫的地位并未改变，皇帝新婚的洞房经常会设在这里。因为功能的多样，坤宁宫的布局也十分奇特，其中既安置有帝后就寝的炕床和简单的皇帝宝座，也有宰杀煮食牲畜用的锅灶。作为皇帝的新房，坤宁宫共见证了四位帝王的合卺大典，他们分别是康熙、同治、光绪和溥仪。在这四位帝王中，最值得一提的是光绪的婚事，这位悲剧性的帝王是清朝皇帝中最不得意的一个，他的婚事正像他的政治生涯一样，充满了无奈和悲情。

光绪名爱新觉罗·载湉，他的父亲奕譞是道光皇帝的第7个儿子，母亲则是慈禧太后的胞妹。1874年，没有子嗣的同治皇帝驾崩，年仅4岁的光绪被接进宫去，登上了皇帝的宝座。因初登帝位时年纪尚小，朝中大权实际上一直掌握在慈禧手中。1890年，光绪年满20岁，到了该结婚的年龄，为他立后的大事于是摆上了慈禧的案头。按照惯例，皇帝大婚即算成人，慈禧的垂帘听政就该画上句号。为了继续掌控朝中大权，慈禧开始费尽心机地为光绪选起了媳妇。

为皇上择后的诏书很快发了下去，出人意料之外的是，很多符合条件的王公贵族都把自己的孩子藏了起来，最终应征的只有5位姑娘。有意思的是，这5位姑娘竟然还有两对姐妹，其中一对是江西巡抚德馨的女儿鸾和凤，还有一对是礼部侍郎长叙的女儿瑾和珍，与这两对姐妹竞争的则是副都统桂祥的女儿静芬。静芬读书不多，见识又少，还是慈禧的内侄女，慈禧心里早把皇后的位子留给了这个容易控制的丫头。

光绪的择后仪式在太和殿进行，慈禧端坐在大殿上方，光绪垂手立在一旁，5位待选的姑娘呈一字形排列在大殿之下。仪式开始，光绪走到慈禧的座位旁，先拿起了一柄镶玉如意，朝5位姑娘站立的位置走去。按清朝选后的规定，选中了谁做皇后，就要把如意交到谁手里，如果选中了谁做妃子，就以大红绣花荷包相送。在仪式进行前，光绪早已把这待选的姑娘们仔细看了个够，德馨的两个女儿娇艳动人，很合他的心思。因此，拿了如意的他立即向那两个姑娘走去。谁知刚走到跟前，慈禧便在座上厉声呵斥起来。从小被慈禧呵斥惯了的光绪见状只得从德馨女儿的身边走开，又走向珍和瑾的跟前。如意还没送出，慈禧已没了耐心，她亲自下座，抢过如意交到了静芬的手中，然后又示意光绪把荷包交到瑾、珍二位姑娘的手里。一场由慈禧一手导演的择后大戏就在当事人不自愿的情况下结束了。

长相一般的静芬就这样成了光绪的皇后，这就是后来的隆裕皇后。瑾和珍因为对了慈禧的眼光，被选为妃子，是为珍妃和瑾妃。而光绪最喜欢的德馨的两个姑娘，却落了个一无所获的结局。

《清德宗光绪帝载湉读书像》
（清）佚名

光绪帝是清朝第 11 位皇帝，于 1875 年 2 月至 1908 年 11 月在位，年号光绪。他四岁即位，由慈安太后及慈禧太后两宫听政。甲午战争后，光绪帝不愿做亡国之君，蓄意变法维新，由于顽固派的阻挠，整个变法历时不过 103 天，史称「百日维新」。变法失败后，被慈禧太后幽闭于中南海瀛台，1908 年逝世。庙号德宗，谥号景皇帝（他是中国历史上最后一位有正式谥号及正式庙号的皇帝），葬于清西陵的崇陵。

光绪大婚

选自《大婚典礼全图》册 （清）庆宽等 收藏于北京故宫博物院

《大婚典礼全图》册，记录的是光绪帝迎娶慈禧侄女叶赫那拉氏·静芬皇后的场景，清宫廷画师庆宽等绘制。第一册《皇后出宫至邸图》，第二册《纳采礼筵席图》，第三册《大征礼图》，第四册和第五册均为《皇后妆奁图》，第六册《册立奉迎图》，第七册《皇后凤舆入宫图》，第八册《礼节图》。共分为8册，光绪大婚自然与普通百姓的结婚不同，礼仪更加烦琐，包括婚前礼（纳采、大征），婚成礼（册立、奉迎、合卺、祭神），以及婚后礼（庙见、朝见、庆贺、颁诏、筵宴）。

皇后出宫至邸图

189

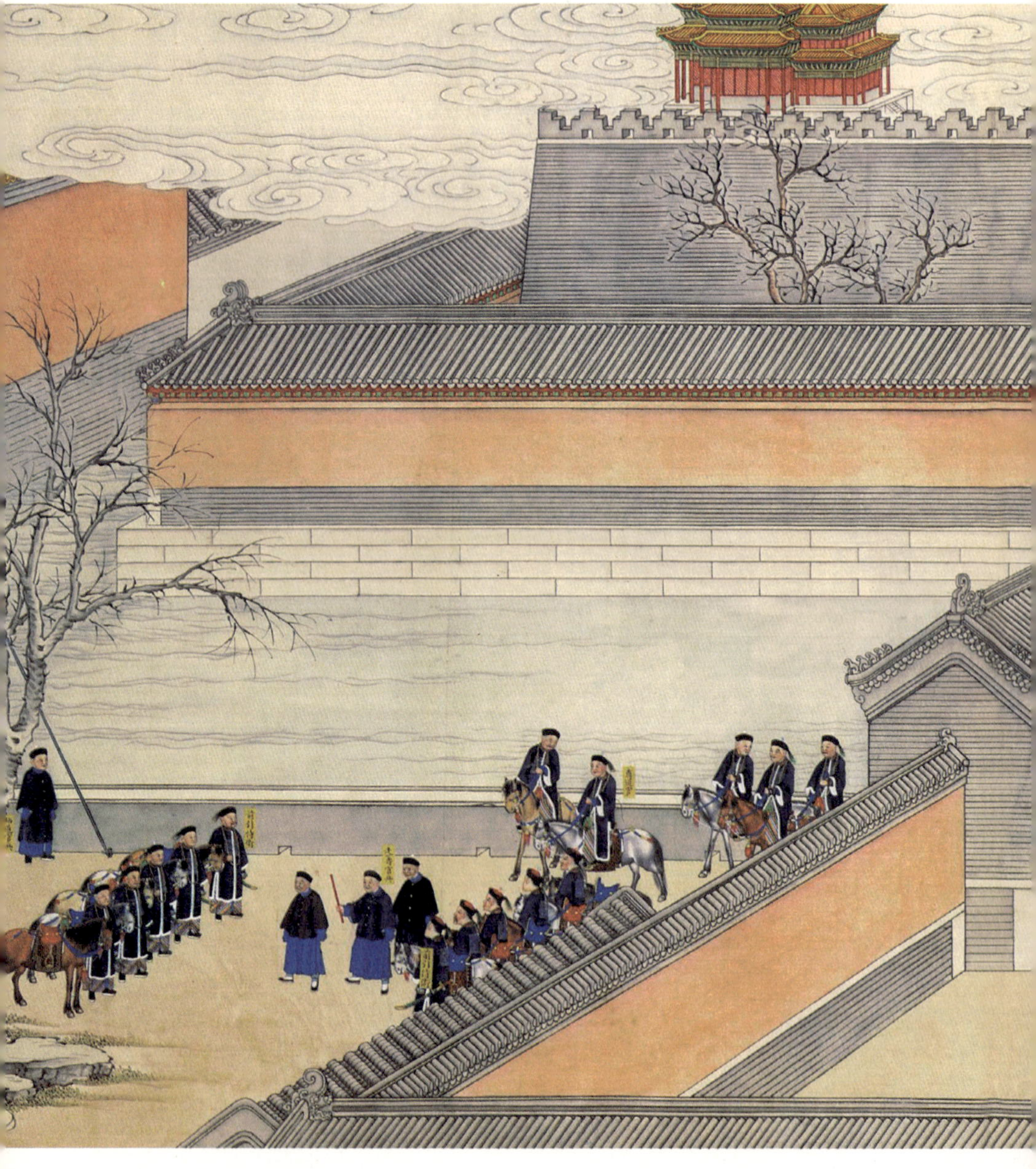

迎亲队伍沿景山前街向东

迎亲队伍出地安门

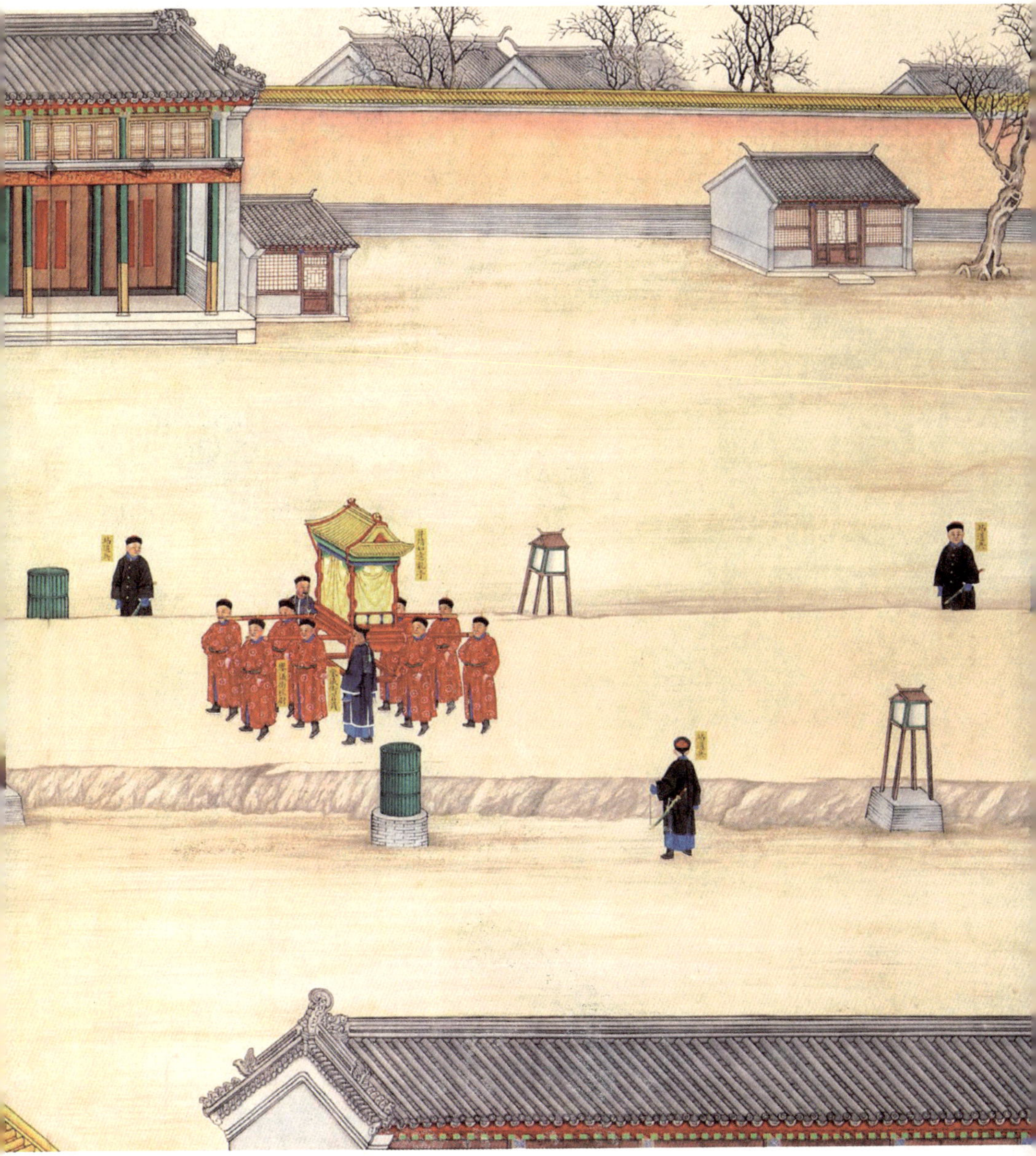

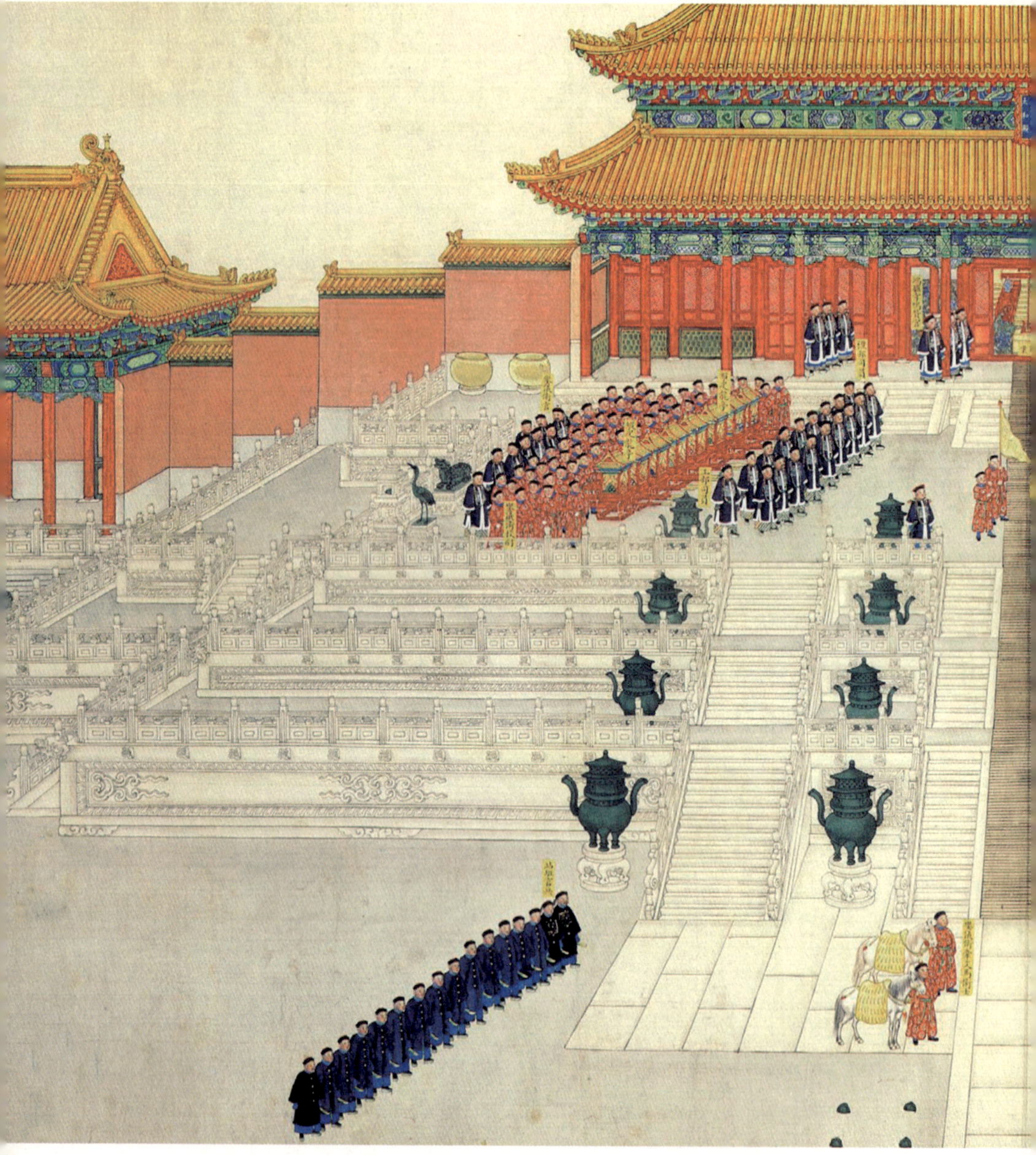

钦天监报吉时，鸣赞官行三跪九叩礼。

恭进皇后妆奁

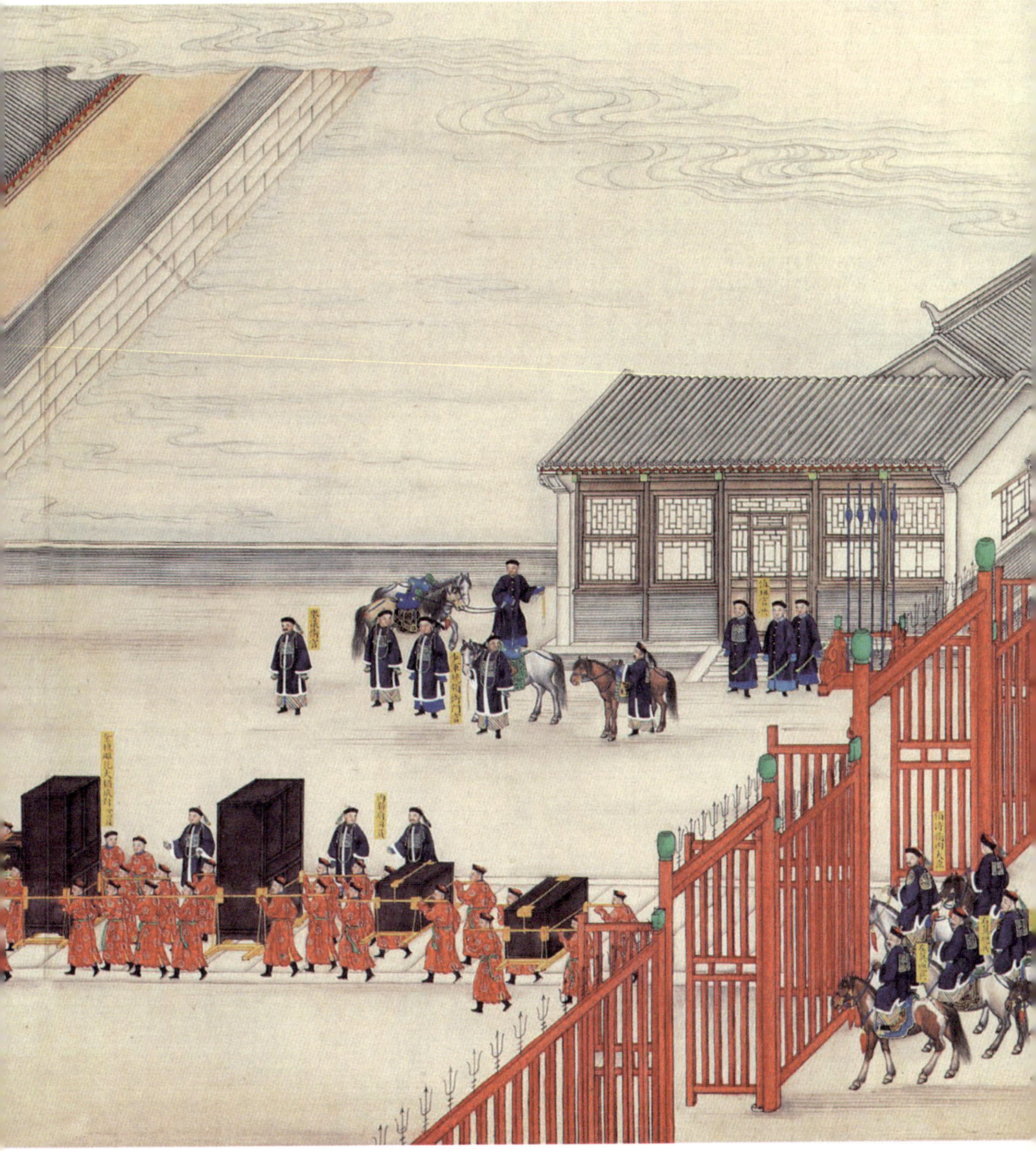

198

大臣就宴，行叩礼

宴毕，大臣行三跪九叩礼，退

201

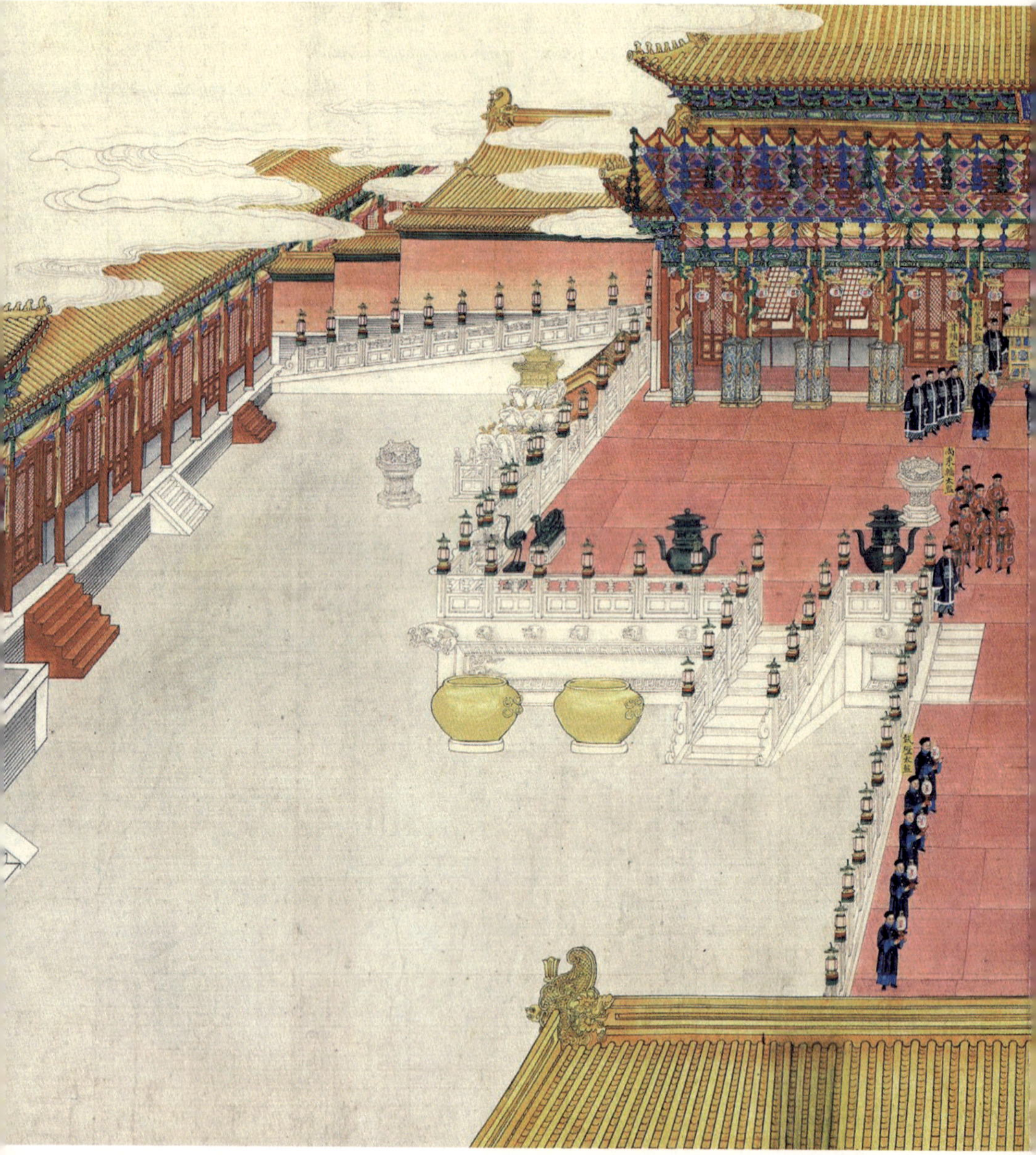

凤舆至乾清宫阶

太和殿，赐皇后家族宴

205

清代金星玻璃灵芝如意

接下来就该履行烦琐的结婚程序了，纳采礼、大征礼、册立礼、奉迎礼、合卺礼、庆贺礼和赐宴等一系列仪式完成以后，结婚大典正式拉开序幕。婚日当天，由16人抬着的凤辇接了皇后，从午门进入皇宫，经过太和、中和与保和三大殿，径直来到乾清宫。亲王和福晋扶隆裕皇后走下凤辇，然后接苹果、交宝瓶、跨火盆、迈马鞍，这才走进坤宁宫，进合卺宴。合卺宴后，皇后换上朝服，宫女再在洞房摆好酒宴，洞房外面专门找来的侍卫携妻一起高唱《交祝歌》，在祝愿的歌声中，皇帝皇后共饮交杯酒，酒毕再换龙凤长袍，来到坤宁宫西南角的"瓦利妈妈"像前，看自称是"瓦利妈妈"化身的神婆跳舞，神婆借"瓦利妈妈"之名给皇帝皇后祝福。之后，皇帝皇后步入帷帐，共享洞房花烛。

此时，迎亲的婚礼算基本完成，但相关的仪式还没有结束。婚后第2天，坤宁宫洞房内还要摆起酒宴，帝后要同宴共祝团圆。进过团圆宴后，夫妻双双到景山寿皇殿参拜先祖画像，拜毕再回宫叩见慈禧。婚后第3天，仪式继续进行，这天要行朝见礼，再过一天，再行庆贺礼。到第5天，再做大宴一次，由文武大臣并命妇相陪，专门宴请皇后的父母及皇族。这时，婚礼才宣告结束，隆裕皇后也从这里搬出，住到了东六宫的钟粹宫里。至此，坤宁宫的使命终于完成。

相关链接

周礼中走出的元大都

  元大都是由元朝大臣刘秉忠主持修建的一座大汗之城，刘秉忠曾经出家为僧，又精通《易经》，深谙阴阳之道，所以元大都恪守了前朝、后市、左祖、右社的建筑制度，这与《周礼·考工记》中描述的布局基本相同。

  元大都的街巷规划非常讲章法，在每一条街道之中都能看出等级、秩序观念的渗透。按元朝的规定，贵戚、功臣、富户及各级官员"悉受分地以为宅第"，也就是说，这些人可以根据职务或身份的大小尊卑获得相应的土地份数，每八亩为一份。普通百姓只有等这些人将地分够才可盖自己的住所。这种做法虽说带有一定的歧视成分，但也使得工人在建造街道时能做到有计划地划好大小坊市，从而使城市显得整齐划一。也正是从这时开始，产生了四合院这种独具特色的居住格局。与此同时，元大都的建设还受到了佛家神"三头六臂"神通广大之说的影响。南面三道门，分别是丽正门（今正阳门）、文明门和顺承门，是为三头，东西两端的齐化门、崇仁门、光熙门、平则门、和义门和肃清门为六臂，北面的安贞门和健德门则像两个"风火轮"一样，因而整座城池又有"哪吒城"之称。

  与历代都城相似，元大都的主体也分为大城和皇城两部分。大城南墙建在今东西长安街的南侧，现在德胜门外5里的小关一带则是北墙，它的东西城墙走向基本与今天东西二环的北延长线相符。一般情况下，城墙的走向皆为直线，大城的南墙却未能取直。这并不是建筑施工失误，而是因为双塔寺。双塔寺有存放海云和尚及其弟子可庵和尚舍利的两座佛塔，为了不打扰已逝高僧的灵魂，忽必烈便命城墙绕塔30步而建，就此形成了最终的样子。

刘秉忠像
选自《古圣贤像传略》清刊本 （清）顾沅/辑录，（清）孔莲卿/绘

刘秉忠（1216—1274年），谥号"文正"，元初忽必烈倚重的杰出政治家、文学家，辅助了忽必烈改国号、行朝仪等，推行汉化政策。他还做了元大都的规划设计工作。

元大都的皇城环今天的北海、中海而建，与明清的皇城形态相似。北海和中海均为人工修建的湖泊，这些称作海的湖泊当时叫太液池。在太液池的东西两岸，建有三座宫殿，其中湖西岸为两组，靠北的是太后的住所，称兴圣宫，靠南的由太子居住，称隆福宫。在兴圣宫和隆福宫的对面，即湖东岸边，便是受人瞩目的皇城中的宫城。宫城也叫大内，属皇帝所有，其建筑之庞大、装饰之精美无与伦比。另外，围绕着这3座宫殿，建有一道称作萧墙的城墙，萧墙也称挡马墙，因皇城的门扉为深红色，也被称为红门挡马墙。

元大都从至元四年（1267年）开始兴建，到至元二十二年（1285年）建成，共18年。它是蒙古人为之自豪的"大汗之城"，也是一座闻名世界的东方帝国都城。

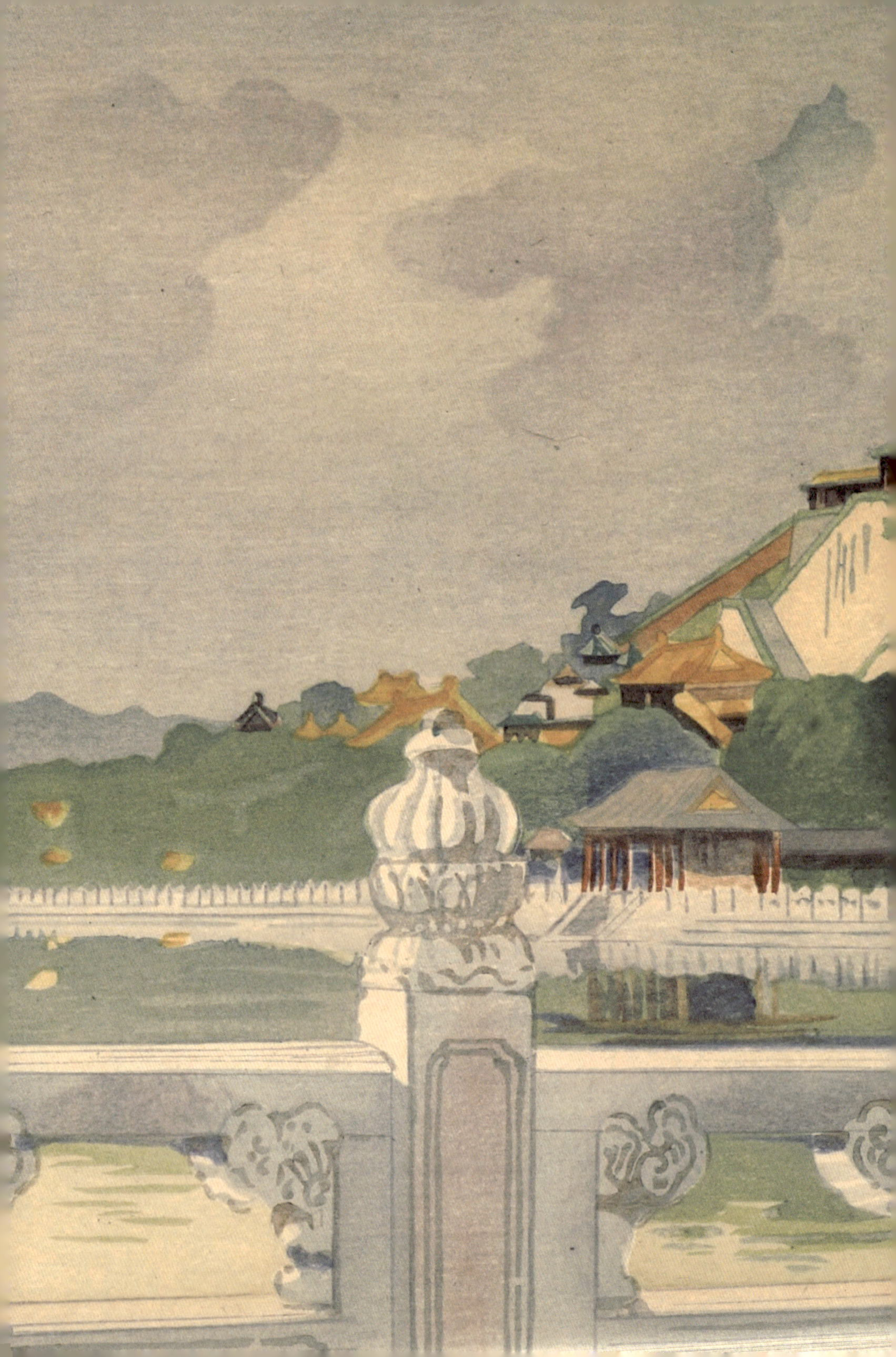

第四章 红墙故宫

"金凤颁诏"的天安门

　　历经明清两代的紫禁城占地面积约 72 万多平方米，建筑面积约 15 万平方米，有大小殿宇及屋子 9999 间半，是古人留给我们的一份宝贵的文化遗产。说到紫禁城，人们最先会想到它的宫门，即天安门。在明清两代，天安门在有新帝即位、皇帝结婚、册立皇后等大事时会举行隆重热烈的"颁诏"仪式，称为"金凤颁诏"。由此也不难看出这座宫门在整座皇宫中的重要地位。实际上，地位显赫的天安门最初并不叫这个名字，明成祖朱棣的紫禁城建成时，位于前门（正阳门）后的这座门楼叫作承天门，有"承天启运"和"受命于天"的意思。承天门刚建成时也远没有今天这样的气派，只不过是一座黄瓦飞檐的3层楼式的5座木牌坊，后来经过两次重建，才形成了现在的规模。承天门的第一次重建是明成化元年（1465年）三月，由当时的工部尚书白圭主持完成的。重建的原因是明英宗天顺元年（1457年）发生了一场火灾，原来的木牌坊被烧毁了。白圭主持重建的承天门一直沿用到清顺治八年（1651年），这一年，顺治皇帝下令重建此门以彰显清朝福威。当时尚年轻的顺治皇帝认为承天门的"承"字写法有问题，看上去像是给"天子"的"子"戴上了层层枷锁，约束了天子的自由。为了打破枷锁，获得心理上的平衡，顺治皇帝将承天门改为天安门，寓意为"受命于天，安邦治国"。此后，天安门的名字便一直沿用了下来。

要想全面了解故宫，可以先从天安门前的一对汉白玉华表开始。

华表是远古时代部落的图腾标志，古名"谤木"，最早指的是尧、舜为了纳谏设在交通要道和朝堂上的木柱。这种木柱的主要功能就是纳谏，为的是让人们在上面镌写对当权者的意见。对此，晋代崔豹所著的《古今注·问答释义》中有详尽的解释："程雅问曰：'尧设诽谤之木，何也？'答曰：'今之华表木也。以横木交柱头，状若花也，形似桔槔，大路交衢悉施焉。或谓之表木，以表王者纳谏也，亦以表识衢路也。'"不难看出，尧设的谤木与华表的外形基本相似。随着时光的流逝，谤木原先的功能逐渐丧失，逐渐演变成了雕有饰物的华表。华表起初主要是部落图腾的象征，因图腾的不同，雕饰也不尽相同。后来，图腾在人们心目中的位置淡化，华表上更多的是一些有吉祥寓意的动物纹饰。唐代诗人杜甫曾有"天寒白鹤归华表，日落青龙见水中"的诗句，从诗中可以看出这时华表雕的是白鹤。在华表上雕饰白鹤的做法在古代较为普遍，流行年代也较长。宋代画家张择端作的《清明上河图》是一幅表现宋都汴梁生活的名画，图上所绘的华表所雕的也是白鹤。同之前的华表一样，

谏鼓谤木

选自《帝鉴图说》法文外销画绘本 （明）佚名 收藏于法国国家图书馆

帝尧在位时，在门外设下一面鼓，希望部下能击鼓谏言，但又担心自己处理政务时有误差而不自知，便又设下一木片，希望部下可以将自己的不足或过失刻于木上。

天安门前华表的形态与谤木也十分相似,不过,它虽然形似谤木,建造时也含有广纳宫外谏言之意,却已不用承担纳谏的具体任务,原来镌刻谏言的地方被象征皇权的云龙纹所代替。天安门华表的上部也雕有饰物,但不是白鹤,而是一头非狮非狗、遥望宫外的怪兽。传说这头怪兽生来好望,故名"望天犼"。把好望的"望天犼"雕在华表之上,表达了对远游宫外的帝王们的期待,让他们时刻记得回朝理政。

紧邻这对高大的华表内侧,是天安门广场前的金水桥。在金水桥旁边,天安门广场的东西两侧,各有两个石狮子。明朝末年,农民起义领袖李自成进入故宫时,曾在这里停留,并留下了一段与石狮子有关的精彩故事。

李自成,原名鸿基,为陕西米脂人,早年曾为驿卒。明崇祯二年(1629年),传说他因为朝廷裁驿卒而失业,便投靠了西川一支义军,后又辗转投于闯王高迎祥部下。崇祯九年(1636年),高迎祥被明军俘虏牺牲,李自成承袭闯王名号,继续同朝廷作战。李自成率部攻克西安,又乘胜攻取兰州、西宁、永昌等地之后,正式在西安称王,定国号大顺。明崇祯十七年(1644年)三月,李自成挥师北上,兵临北京城下。三月十八日晚,慑于义军威名的太监曹化淳献门投降,北京外城失守。皇城内的崇祯见大势已去,便命人找来太子,亲手给他换上破旧衣服后派人送出宫去。他又逼迫皇后周氏自缢而死。接着,崇祯又挥剑砍向自己15岁的女儿和自缢未死的袁贵妃,分别将公主的左臂和袁贵妃的肩膀砍伤。随后,他手执三眼铳,带着太监王承恩等几十个人向东华门突围未果,便返回前殿,鸣钟召集百官,不料没有一位大臣到来。绝望之余,他跑到煤山,吊死在一棵槐树上,始终陪在他身边的王承恩也选择吊死在旁边的树上。

就在崇祯皇帝自缢的当天上午,李自成的部队已攻到了前门。前门

天安门
选自《燕京胜迹》 收藏于国家图书馆
天安门是明清时期皇城的正门,始建于明朝永乐十五年(1417年)。其作者是明代御用建筑匠蒯祥。

太和殿前御河桥
选自《燕京胜迹》 收藏于国家图书馆

万寿山 选自《燕京胜迹》 收藏于国家图书馆

守将李国桢抵挡不住李自成的大军，仓皇逃走了，李自成提枪随后追赶。追到金水桥边的石狮子跟前时，李自成手下的士兵发现石狮子后有人影晃动，立即提醒他注意。李自成早已看到石狮子后有人躲藏，便挺枪向东面那个石狮子扎去，传说一枪下去，石狮子被扎出一个很深的枪眼。躲藏在石狮子后的人见状，慌忙闪到西边的石狮子后边，李自成又转身刺向西边的石狮子。这时，将士们已经把两个石狮子团团围住，一个穿明朝官服的将军很快被众人捉住，他正是刚刚逃跑的李国桢。

据说从此金水桥边的这两个石狮子的身上各有了一处枪眼。李自成进北京，直接导致了明王朝的覆亡，却也让清廷渔翁得利，得以踏入觊觎已久的关内，入主中原。

明三暗五的午门

从天安门进去，就是紫禁城的午门了。午门是故宫的正门，又称五凤楼。午门的中间有一个方形的广场，东、西、北三面有城台相连。它的北面是一座面阔9间的门楼，东西城台则有13间如雁翅般排开的庑房，称为雁翅楼。午门的正面开有3个明显的门洞，左右还有两个掖门，分别开在东西城台的里侧，一个朝向西面，一个朝向东面。因左右的掖门较为隐蔽，所以又有明三暗五的说法。在午门的内御道上，有5座规制与外金水桥相同的小桥，桥下的水流状似玉带，故称玉带河。玉带河蜿蜒曲折，为午门一景。除了点缀作用之外，玉带河还兼有消防的功能。明天启四年（1624年）和天启六年（1626年），宫中两次失火，玉带河在两次救火过程中发挥了极大的作用。

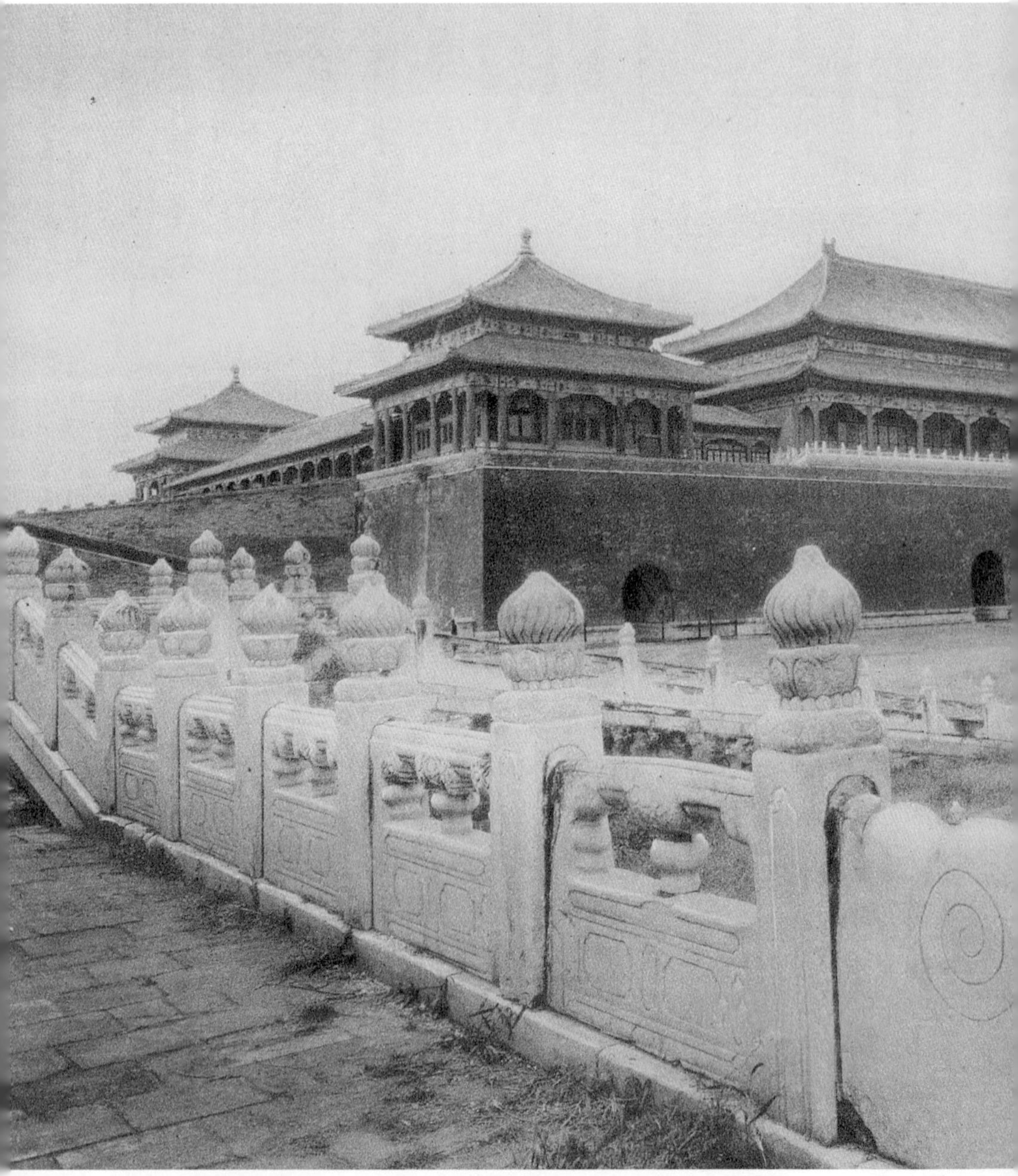

午门

选自《燕京胜迹》 收藏于国家图书馆

午门是故宫也就是紫禁城的正门,始建于明朝永乐十八年(1420年)。午门因居中向阳,位居子午,故称为午门。午门的5个门洞各有用途,东侧门是文武百官的出入之门,西侧门是皇亲贵胄的出入之门,中门是皇帝专用。

午门朝参

选自《唐土名胜图会》

[日] 冈田玉山等／编绘 收藏于日本早稻田大学图书馆

朝参，始于西周，是礼仪规格最高的朝会。明清时举行大朝会的地点是太和殿。自秦汉一直延用至明清一套比较复杂的朝会制度，将礼会形式的朝会分为常朝和大朝，大朝一般是在岁首、万寿节等时节举行，是礼仪形式的朝会，此时「百官公服朝参」，而常朝分朔望朝和日朝，朔望朝为初一、十五举行的礼仪朝会；而日朝多指皇帝日常召集臣子商议国事的朝会。其实一般早朝和午朝，分为早朝和午朝，而午朝多为军国大事之议。参加朝会是京官须尽的义务，官员按时参加朝会，不然会受到惩罚。图中右侧的大象仪仗队，由专业饲养的象房提供，朝会的场面因此显得宏大而有气势。

明清时期，午门是文武大臣等候皇帝听政的地方。听政开始时，京官们由午门进入奉天门（清时称太和门）侍立奏事，藩府官差与外任官员则在午门外候旨待宣。有时，因官员"失仪不谨"或触犯皇威，午门还会成为皇帝惩罚官员的处所。如果过错只是失仪而已，惩罚一般不会太重；如果是后者，则会被拖出午门施以"廷杖"。"廷杖"是明清大臣最害怕的责罚方式之一，因为这种惩罚使被责杖者受到的伤害不仅是身体上的，更主要是心理上的——它使人失掉了尊严。虽然"廷杖"毫无人性可言，但皇帝却偏偏热衷此道。明清两代，被"廷杖"的官员数不胜数，有些甚至被打得失去了生命。明正德十四年（1519年），好色的明武宗朱厚照欲外出选美，受到群臣的劝谏。为了恐吓群臣，达到选美的目的，朱厚照一次杖责包括舒芬、黄巩等人在内的146名大臣，其中有11人当场被打死。这次朝中官员集体被"廷杖"事件令天下愤怒惶恐，这是皇权至上观念的真实体现，同时也为朱厚照的人生履历写下了不光彩的一笔。

"廷杖"使午门的形象蒙上了一层阴影。但午门的主要作用绝不仅限于此。在午门正中的门楼左右，有两座阙亭，里边分别陈设着钟鼓，是午门举行各种仪式的主要道具。当皇帝出宫去祭祀坛庙时，午门要鸣钟；去祭祀太庙时要击鼓；如果要升殿理政，举行隆重的仪式，则钟鼓齐鸣。午门的出入也有严格的规定，文武官员走左门，宗室王公走右门，当中的正门只有皇帝的龙车和皇后的凤辇才有资格出入，另外，每次殿试的前三名也可出入一次。至于左右掖门，一般是不开的，只有在升殿视朝时，文武百官才得以由此分东西依次而入。如果殿试文武进士，掖门也会打开，一般是单号进左掖门，双号进右掖门。

除此之外，午门还有一些其他用途。明代时，每到正月十五，门楼上要悬灯赐宴百官，立春时，皇帝还要在此赐春饼，端午则赐凉糕，重阳节赐花糕。每年农历十月初一，这里还会举行发布次年历书的仪式。

皇帝的金銮殿

故宫中最重要的宫殿便是文学作品中常提到的金銮殿,它是进入太和门后的第一座宫殿,所以又称太和殿(明朝称奉天殿)。

太和殿坐落在故宫的中轴线上,与中和殿、保和殿合称为三大殿,建在一座三层重叠的"工"字形须弥座上。由汉白玉雕成的3层基座叫丹墀或丹陛,上层和中层各9级,下层为21级,总体高度达两丈。太和殿是紫禁城中最高的建筑,新皇帝的登基大典、重要诏书的颁布、殿试后皇榜的公布、大将受命远征以及年节举行重大庆祝等典礼均在此进行。每当举行大典时,太和殿内用景泰蓝制成的香亭和香炉便会燃起檀香,殿外大门两侧廊下负责演奏中和韶乐的乐队一字排开,殿外露台上的铜鼎炉也燃起松柏,露台经午门、端门直至天安门的道路两边,陈列着长长的仪仗队伍,宗室王公和文武大臣按品级及文东武西的规矩站立

太和殿前狮子　选自《清国北京皇城写真帖》　收藏于中国建筑图书馆

在丹墀及广场。一旦皇帝登上宝座，礼官即宣布典礼开始，大殿内外香烟缭绕，两边鼓乐一起鸣响，文武百官跪拜行礼，三呼万岁，场面非常壮观。

自建成之日起，太和殿就成为皇家各种大型仪式的举办地点，其中最重要的仪式就是皇帝的登基大典了。自朱棣之后，在此登基的皇帝数不胜数，这中间既有昏庸无能的无道帝王，也有励精图治的所谓明君。而清朝最后一个皇帝溥仪的登基大典简直像一场闹剧。溥仪之所以让人记住并不是因为有什么英武的功绩，而是因为延续了几千年的帝制在他的任内宣告结束。溥仪的全名叫爱新觉罗·溥仪。1908年11月，年仅3岁的他在太和殿登基，年号宣统。因登基时年纪太小，溥仪是由他的父亲摄政王载沣扶着坐上龙椅来接受群臣叩拜的。据说大典开始时，众大臣三呼万岁的朝贺声把溥仪吓得差点儿从龙椅上摔下来，并且哭声不止，说什么也不愿再待在那里。无奈之下，载沣只能悄悄地哄他，让他不要哭，告诉他"一会儿就完了，一会儿就完了"。旁边的臣子听到这话，无不大惊失色，认为在大典之日说这话，实乃"不祥之言"。巧合的是，3年后，这位想着快完了的小皇帝果然没能把龙椅坐稳，辛亥革命的爆发，不仅将这位6岁的小皇帝赶下了龙位，也为中国几千年的帝制画上了句号。

太和殿外的太和门，是明清御门听政的处所，也是举行各种典礼和大臣入朝举行朝仪的地方。

御门听政是一种早朝制度，听政的地点在太和殿外的太和门。太和门初建于永乐年间，始称奉天门，嘉靖时改称皇极门，后又改为太和门。太和门位于金水桥的正南，清光绪年间被大火烧毁后重建，它的左边是昭德门，右边是贞度门，门前还有一对造型精美的铜狮子。在明清两朝，朝廷官员大多数住在宫城外面，从家里到皇宫早朝要走很远的路程，因为绝对不能误时,所以必须早起出发。大多数情况下,他们要提前来到金銮殿外,先到朝房静候皇帝上朝,这就是所谓的御门听政。上早朝对于大臣们来说应该不是一件好受的事情,尤其是冬天,每天早起不说,还得在朝房经受寒冷的折磨。虽说朝房里会用简陋的火炉生些炭火取暖,但对于这些养尊处优的官大人来说,仍然难以忍受。

最辉煌的囚室

　　从天安门进入，穿过皇帝打理国事的太和殿，就是三大殿的第二殿——中和殿了。初建时中和殿叫华盖殿，嘉靖年间改名为中极殿，后在清初改为现在的名称。中和殿的建筑形态独特，为方形圆顶，殿顶是四角攒尖顶，体现的是"天圆地方"的理念。中和殿广、深各3间，周围出廊，走廊列柱二十根，同时有金扉和金锁窗各34个。清朝时，皇帝外出一般都乘坐肩舆，肩舆分礼舆、步舆、轻舆、便舆四种。中和殿殿内放置有乾隆年间所造的肩舆，一为黑漆金云龙纹，一为填漆彩绘云龙纹，由8人抬，做工异常精美。中和殿是太和殿大朝时皇帝进行准备和休息的场所，同时还有一些其他的功能：皇帝去坛庙祭祀的前一天，首先要在此读祭文，以表示祭祀的诚意；每年二月皇帝去先农坛亲耕时，为了体现对农耕的重视，也要提前一天到这里验看种子和农具；皇家玉牒每10年修一次，每次修完后皇帝都要在此举行试看仪式。另外，每年三大节皇帝还要在这里接受内阁、内臣、礼部、都察院、翰林院、詹事府及侍卫执事人员的贺礼，在接受贺礼时相互间总会有些交流，这种交流比在太和殿上要随意许多，会为君臣相互理解创造一个良好的氛围。中和殿本应有和其他两座大殿一样让人尊崇的地位。但是在清末戊戌变法失败后，支持康有为和梁启超的光绪皇帝在朝廷失势，被慈禧太后拘禁在此殿，失去了自由。这个本该为皇帝服务的大殿，却成了皇帝的大牢。真不知道掌管大殿的太监伺候这样的皇帝是什么心态。这样看来，中和殿应该算是天下最辉煌的囚室了。

造成光绪帝被囚的戊戌变法发生在清光绪二十四年（1898年），主要倡导者为康有为、梁启超等人。在戊戌变法的前3年，即1895年，中国与日本签订《马关条约》，清政府不但割让了台湾、辽东半岛给日本，还付出了两亿两白银的赔款，使国人倍感震惊。当年4月，康有为与梁启超联合在北京参加科举会试的18省举人作万言书呈给光绪，提出了拒和、迁都、练兵及变法等主张，这即是历史上所称的"公车上书"。公车上书的举动在全国引起轰动，并得到了光绪皇帝老师翁同龢和南洋大臣张之洞等清朝高级官员的支持。倾向于支持变法的光绪帝此时虽已亲政，但好多朝廷大事仍然由慈禧太后做主。为了使变法得以进行，光绪毅然向慈禧提出了交权的要求。1898年6月11日，光绪颁布了《定国是诏》，从而拉开了变法的序幕。之后，他亲自召见康有为，调任他为京章行走，专做变法之事。紧接着谭嗣同、杨锐、林旭、刘光第等人也先后入宫，在朝堂之上形成了一股变法维新的潮流。

光绪的变法新政尽管有利于强国，却遭到了一些守旧大臣的激烈反对，北洋大臣兼直隶总督荣禄是他们的代表。与慈禧关系密切的荣禄军权在握，是光绪变法的主要障碍。他不仅公开跟光绪对抗，表明不支持

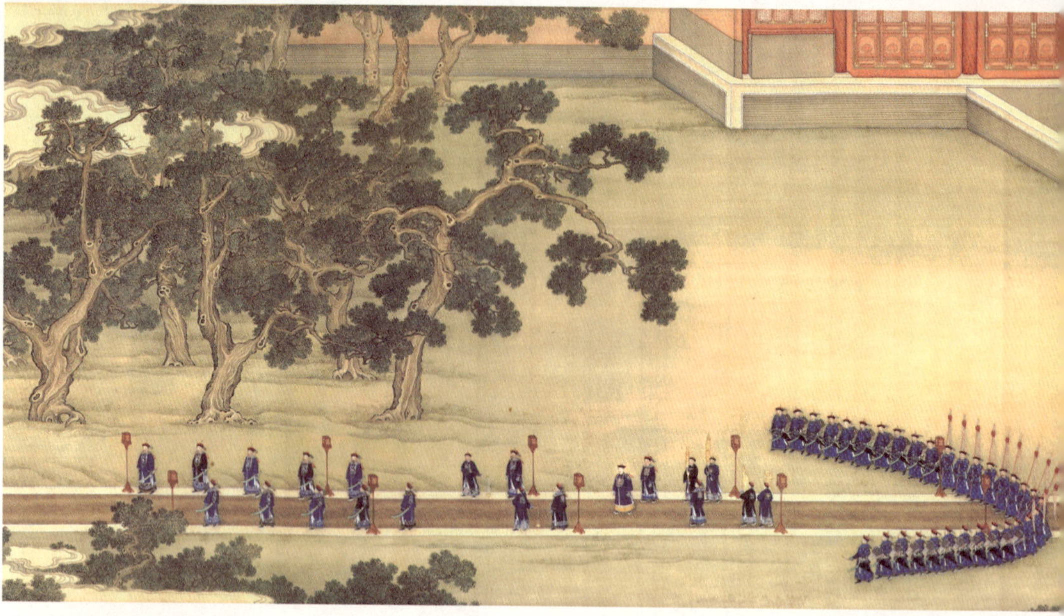

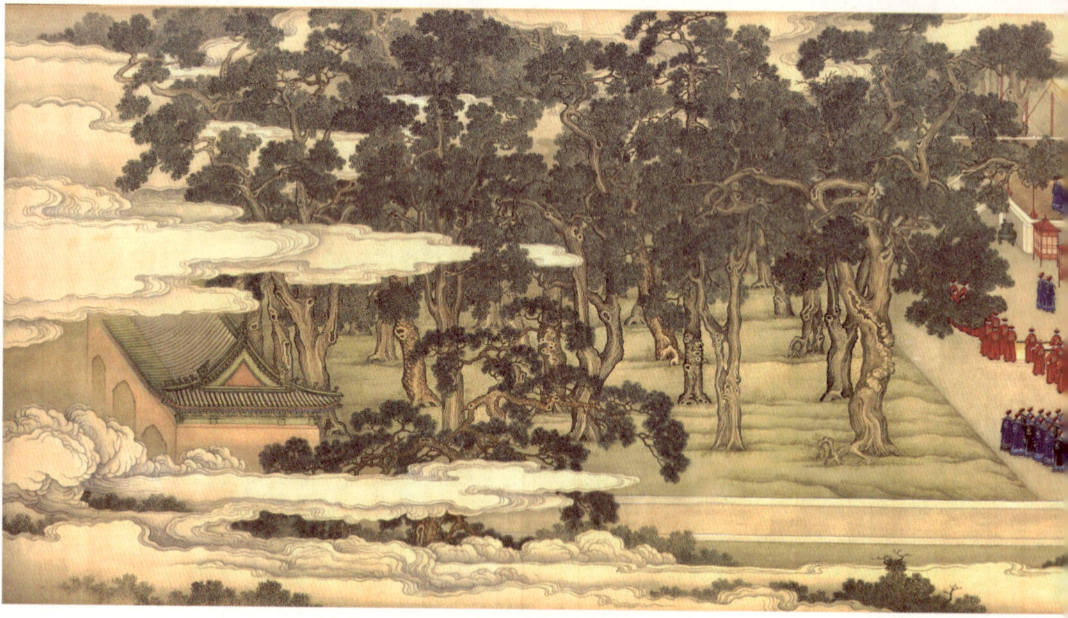

《雍正帝祭先农坛图》上卷 （清）佚名 收藏于北京故宫博物院

纵61.8厘米，横467.8厘米。先农坛，包括庆成宫、太岁殿、具服殿、观耕台、神厨库、妃宫殿、先农神坛等建筑。明清两代皇帝会在先农坛祭祀春日之际，带领文武百官在先农坛祭祀先农诸神，祭祀典礼结束后皇帝会到地里亲耕，以示皇帝重视民生，祈祷风调雨顺，五谷丰登的好年景。

变法的态度，使变法之策难以执行，还经常向已经退居幕后的慈禧报告变法动态，请求慈禧回朝训政。随着守旧派的频繁活动，光绪察觉到了朝廷气氛的异常，感觉有人要对自己下手，便命令康有为迅速外出找人"设法相救"。9月16日，光绪在康、梁二人及谭嗣同的安排下，召见了统率北洋新军的直隶按察使袁世凯，升任他为侍郎候补，让袁为变法维新助一臂之力。袁世凯回到天津后，谭嗣同又夜访袁宅，详细跟他谈了慈禧联合荣禄要废除光绪的情况，劝说他起兵勤王，诛杀荣禄，控制慈禧。对于谭嗣同的要求，袁世凯表面上答应了，可两天后就把一切都告诉了荣禄。得到荣禄密报后，慈禧立即宣布临朝，下令废除新政，搜捕维新党人，康有为和梁启超被迫逃往海外，而被后人称为"戊戌六君子"的谭嗣同、杨锐、林旭、刘光第、杨深秀和康广仁六人被斩于菜市口。所有新政项目，除保留京师大学堂外，一律废止，变法不成的光绪也落得个被幽禁的结果。

这时，华丽的中和殿内想必没有皇家威严，那空旷的屋宇下回荡的恐怕只有光绪绝望的叹息声了。

钦点状元的屋子

保和殿位于中和殿的后面，是三大殿的最后一殿。明永乐年间建成时，保和殿的名字叫谨身殿，嘉靖年间因火灾被焚重建后，改称建极殿，清顺治二年（1645年）改为此名。保和殿的平面呈矩形，广9间，深5间，屋顶为重檐歇山顶，上面又覆盖有黄琉璃瓦，分外庄重、典雅。三大殿中，虽然保和殿的使用频率最低，但同样引人注目。在明代，保和殿是皇帝举行大典前的更衣之所。到了清代，每年的除夕和正月十五，皇帝都要赐宴于外藩、王公及一二品大臣，地点就在保和殿。同时，清代的保和殿还经常作为吏部及宗人府等机构的办公场所，承担一些诸如造册填写之类的公务职能。另外，清顺治帝的婚礼也曾在这里举行，顺治三年（1646年）至顺治十三年（1656年），顺治还在这里居住过好

保和殿正面　选自《清国北京皇城写真帖》　收藏于中国建筑图书馆

保和殿后面　选自《清国北京皇城写真帖》　收藏于中国建筑图书馆

保和殿宝座
选自《清国北京皇城写真帖》
收藏于中国建筑图书馆

长一段时间。顺治之后，继位的康熙也曾居住在此处。顺治和康熙在这里居住时，保和殿的名字都做了暂时的更改，顺治住时叫"位育宫"，康熙住时叫"清宁宫"。康熙之后，保和殿就没有再做过皇帝的寝室，但它的功能又有了增加，也更引人注目，因为殿试的考场移到了这里。

殿试是古代科举制度中最高级别的考试，又有御试和廷试之称。古代的科举考试有3种，分别是"乡试、会试和殿试"，殿试是由皇帝亲自主持的国家级考试。如果想获得殿试的资格，参考者必须先通过礼部会试。殿试的考题由皇帝亲出，阅卷工作则由德高望重且学识渊博的大臣完成。凡获得殿试前十名的考卷，皇帝还要亲自过目。获殿试第一甲第一名的进士称状元，有着极高的荣誉，第二名称榜眼，第三名为探花。取得殿试前三名的考生大多意味着一生荣华富贵到手。在殿试完的两天以后，皇帝要召见新考中的进士，这对于这些敲开富贵门的学子来说是莫大的荣耀。明代初期时，殿试的地点设在承天门南面的金水桥畔，后来又移到了皇帝治理朝政的太和殿。清乾隆年间，殿试正式改在保和殿进行，清朝的许多状元从这里走出，直到清末科考制度被取消。

保和殿是北京故宫一处精美的建筑，除了宫殿本身的雄伟壮观，它后面丹陛御路上的一块雕石也引人瞩目。这方整块的汉白玉雕石长16.57米、宽3.07米、厚1.7米，总重量超过200多吨，上面雕刻着9条凌空飞舞的巨龙，周边饰以精美流畅的云朵、海水、山峰等纹饰，造型生动、变化有致，充分显示了当时工匠的深厚功力，是一件不可多得的艺术精品。据有关资料记载，这块雕石的毛坯来自北京房山的大石窝，未雕琢时总重量约300吨。把这么重的一个大家伙从房山移到紫禁城，以当时的运输条件来说，是一件几乎不可能完成的事情。但是，当时的人们竟把看似不可能的事情变成了现实，把石块确确实实运到了保和殿外。据说最初人们也徒然浪费了不少人力，后来才想到了在冬天用冰道滚滑的方法。为此还专门沿途凿了无数的水井，几乎每隔一里便凿上一眼，一直从玉石的产地凿到了北京。等到寒冬来临时，人们从水井中汲水洒在路上，开辟了一条长达百里的冰路。于是，这块巨大的玉石乘着铺满木棍和铁棒的"冰船"缓缓滑动，终于安全抵达终点。为了拉动这条冰船，光是骡马就用了一千多匹，征调的民夫也有两万多人。

垂帘听政的内室

　　为光绪挑选皇后的慈禧是中国历史上少有的女性当权者之一，她生于1835年，是安徽宁池广太道惠征的女儿。1851年以秀女身份被选入宫，侍咸丰帝，号懿贵人，1854年进封为懿嫔。1856年，慈禧生子载淳，次年进位为"储秀宫懿贵妃"。1861年，被内忧外患困扰多年的咸丰皇帝去世，慈禧与恭亲王奕䜣发动政变，将8名"赞襄政务王大臣"分别革职或处死，此后，慈禧开始和慈安太后一起掌控朝政，开启了长达48年之久的垂帘听政。

　　慈禧垂帘听政的地点在养心殿。

　　养心殿是一处独立的院落，占地约5000平方米，顺治进京后曾居住在这里。顺治死后，康熙把它改做了内廷造办处，主要用于制作宫廷御用物品。到雍正年间，养心殿又恢复成了皇帝寝宫，成为雍正的居所，在此处理政务、接见大臣和读书学习。雍正把居所从乾清宫移到养心殿据说是为了给康熙守孝，此后，清朝历代皇帝都把它作为休息和工作的主要场所，并进行了多次改造和扩建，从而扩大了它的规模和作用。在养心殿的正殿，专门设有宝座和御案，宝座的上方挂有雍正亲笔题写的"中正仁和"的牌匾。清朝的皇帝经常在这儿召见大臣，有时外国使臣来访，也会在这里接见。康熙五十九年（1720年），罗马教皇使臣嘉乐来访，就是在养心殿受到了康熙的召见，并得到衣物用具等赏赐。咸丰五年（1855年）正月，咸丰皇帝在这里为同太平军作战有功的僧格林沁举行过隆重的"君臣抱儿礼"，并加封僧格林沁为扎萨克博多勒噶台亲王，赏朝珠一盘、四团龙补褂一件。

养心殿的结构呈工字形，分前殿和后殿，皇帝的宝座就放置在前殿的明间。明间的西侧是西暖阁，这里既有专供皇帝批阅奏折和密会大臣的小屋，又有为皇帝供佛、休息的小佛堂和梅坞。乾隆住在此地时，曾得到了王珣的书帖《伯远帖》，他连已有的王羲之的《快雪时晴帖》和

木质「慈禧皇太后之宝」

养心殿一角
选自《清国北京皇城写真帖》 收藏于中国建筑图书馆

养心殿位于内廷乾清宫西侧，始建于明代嘉靖年间，是明清时皇帝理政和居住用的宫殿，主要由正殿、东暖阁、西暖阁、前殿东配殿、后殿、体顺堂、燕喜堂、三希堂等建筑组成。

养心殿皇帝寝室
选自《清国北京皇城写真帖》 收藏于中国建筑图书馆

《慈禧太后朝服像》
（清）佚名

慈禧（1835—1908年）即孝钦显皇后，咸丰帝的妃子，清同治帝的生母。她的一生经历了道光、咸丰、同治、光绪4朝皇帝，发动了两次政变，共垂帘听政3次，把持清廷最高权力达47年之久。死后谥号为"孝钦慈禧端佑康颐昭豫庄诚寿恭钦献崇熙配天兴圣显皇后"，是清代众皇后中谥号最长的。

养心殿东暖阁垂帘听政处

选自《清国北京皇城写真帖》 收藏于中国建筑图书馆

三希堂

清乾隆皇帝的读书房。位于故宫养心殿的西暖阁。原名温室，后改为三希堂。"三希"为"士希贤、贤希圣、圣希天"，乾隆皇帝期望自己可以成为贤明、圣明的天子。在此书房内乾隆皇帝收藏了大量古代珍稀书法字画。如东晋书法大家王羲之的《快雪时晴帖》、王献之的《中秋帖》和王珣的《伯远帖》。

王献之的《中秋帖》，一起珍藏在"三希堂"书房里。与西暖阁相对应的就是东暖阁了，东暖阁也设有朝西的宝座，后慈禧和慈安两宫太后垂帘听政就在这个地方。从现在恢复的陈设来看，当时的两宫太后听政颇有些神秘的色彩，似乎隐含了一丝的寓意。黄色的纱帘将年轻的皇帝和野心勃勃的太后隔开，贵为天子的皇帝就此失去了威仪天下的尊贵。以这道黄纱为分水岭，清朝的阳刚从此尽失。

两宫太后在前殿听政，住的地方却在后殿，后殿是帝后及嫔妃的寝宫。后殿两侧各有耳房5间，皇后住在东面的5间，贵妃则住在西边的5间。两个太后垂帘听政时，慈安住的是东侧的"体顺堂"，慈禧住的是西侧的"燕喜堂"。此外，养心殿寝宫两侧还有十余间小屋，供普通嫔妃居住。这些房子的装饰和陈设都很简单，与慈禧等人的卧室大相径庭。

相关链接

最常见的宫殿殿顶

"如鸟斯革，如翚斯飞"，是《诗经·小雅·斯干》描写当时宫殿殿顶的两句诗，诗中形象地道出了古代宫殿屋顶的特点，即如鸟一样展翅欲飞的形状和鸟儿飞翔时优雅美观的流畅曲线。飞鸟展翅式的屋顶是古代工匠智慧的结晶，它的出现使屋顶摆脱了单纯遮风避雨的功能，展现了悦目的艺术效果。

从目前掌握的资料看，中国古代宫殿的屋顶主要有以下六种形制：

庑殿顶

庑殿顶又叫四阿顶，是最高等级的宫殿屋顶。这种屋顶为"四出水"的五脊四坡式，又叫五脊殿，它所覆盖的殿宇平面一般呈矩形，面宽大于进深，正脊处于两坡相交之处，左右两端则有四条垂脊，分别交于正脊的一端。庑殿顶又有重檐的形制，重檐庑殿顶就是在庑殿顶之下，又有短檐，四角各有一条短垂脊，共九脊。一般用于宫殿、庙宇等特别重要的建筑。

歇山顶

歇山顶也叫九脊殿，是仅次于重檐庑殿顶的又一种殿顶形制，它除了有正脊、垂脊外，还有四条戗脊。歇山顶的正脊前后两坡是整坡，左右两坡则为半坡。重檐歇山顶的第二檐与庑殿顶的第二檐基本相同，在视觉上有异曲同工之妙。

悬山顶

悬山顶是第三等级的屋顶，一般为两坡出水，有五脊二坡。悬山顶两侧的山墙凹进殿顶，使顶上的檩端伸出墙外，经常被钉以搏风板。在古代，此种殿顶，用处不少，如神橱、神库中的房屋等，也传到日本、朝鲜半岛和越南，一般的官吏府宅和民居建筑以及神库等大多使用此顶。

硬山顶

硬山顶的特点是朴素而刚硬，属于较低级的屋顶。它的造型特征是前后两面坡，左右屋檐与两端的山墙墙头平齐，山墙面裸露而无装饰，曾被广泛用于明清的民居建筑。

攒尖顶

攒尖顶，顾名思义，就是顶部有一个称为宝顶的集中点。攒尖顶有四角、六角和圆形多种形制，其中角式攒尖顶有与其角数相同的垂脊，圆攒尖顶则由竹节瓦逐渐收小，没有垂脊。故宫中和殿、天坛祈年殿的屋顶都属攒尖顶。

卷棚顶

卷棚顶是古代园林建筑和宫廷中太监、佣人等居住之所常用的屋顶，这种屋顶的建筑左右两山墙有悬山和硬山的区分，它的最明显的标志是没有外露的主脊，两坡出水的瓦陇一脉相通。

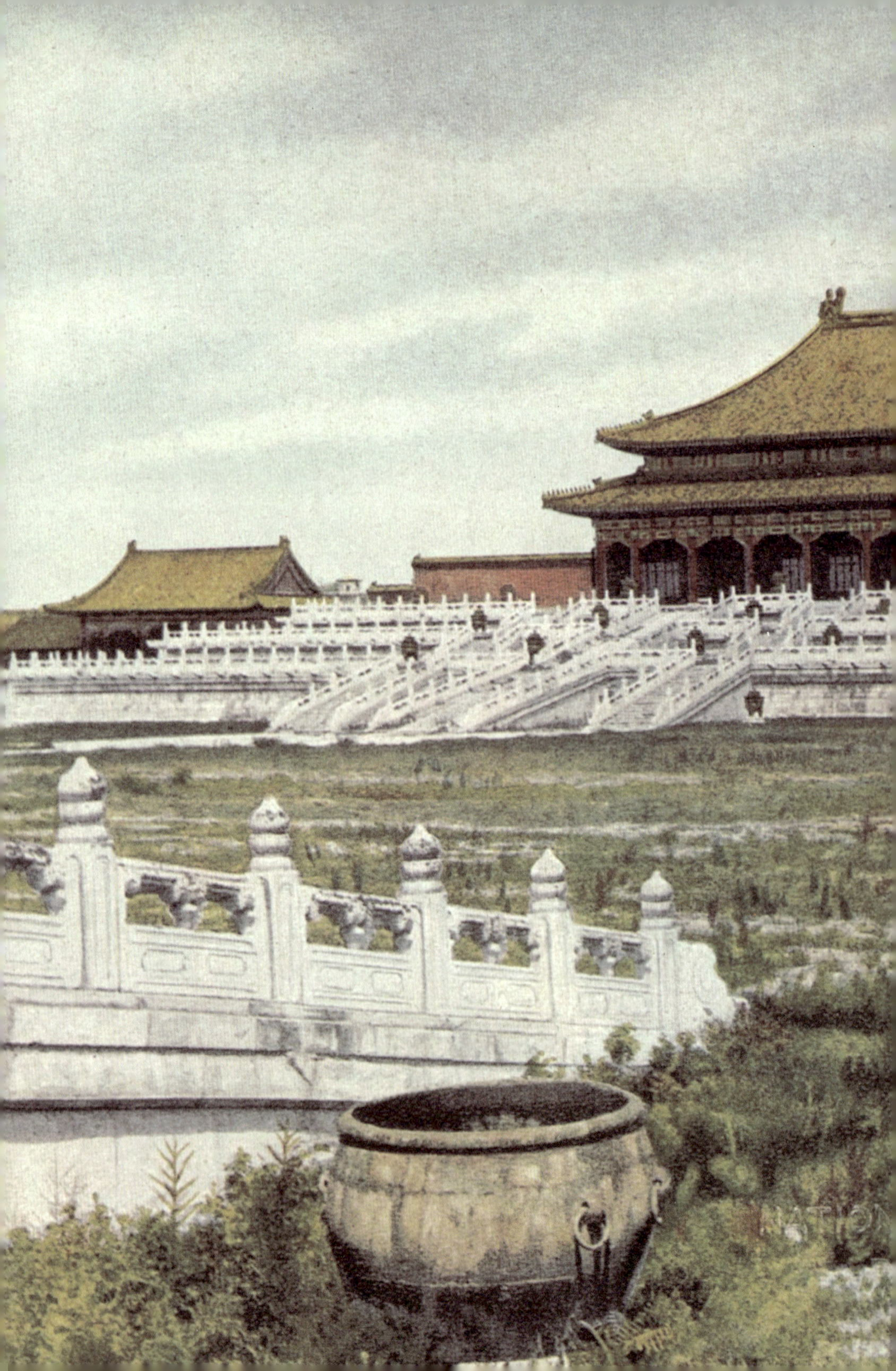

第五章 揭开宫廷的秘事

图中行乐的明宣宗

神秘的宫廷生活一直是人们想了解的。从古至今，各种与皇家秘事有关的史料和传说都是人们感兴趣的话题。揭开宫廷神秘的帷幕，探寻深宫内人们的生活状况和精神世界，也许会带给我们一些有益的启示。

明宣德年间，一位叫商喜的宫廷画家曾作过一幅《明宣宗行乐图》，它不仅是一幅描绘明宣宗享乐场景的精美画作，也是探究古代帝王生活习惯的最佳资料。

《明宣宗行乐图》第一段展现的是明宣宗在宫里的箭亭观看射箭的情景。这一段的情节围绕箭亭而设，明宣宗坐在箭亭之上，左右侍从或牵着马或撑着伞在亭旁。在箭亭下方，竖有3杆大旗，中间一杆绣有"勇"

字的便是射箭用的靶旗，4支已经射出的箭支散落在旗下，显然都没有射中。虽然如此，端坐在亭中的明宣宗的脸上还是看不出一点责怪的表情。在明宣宗座位的下边，共站有9人，其中一人弯弓搭箭，正要射出他的第5支雕翎。

元代钱选的《临苏汉臣宋太祖蹴鞠图》是一幅描绘宋太祖与太宗及赵普等6人蹴鞠的名作，在《明宣宗行乐图》的第二段，同样描绘了蹴鞠的场面。蹴鞠是一项起源于战国时期的体育运动，也叫"蹋鞠"，流行于唐宋一直到明朝，包括唐太宗李世民、宋太祖赵匡胤和宋徽宗赵佶在内也都喜欢这项运动。在这段描绘蹴鞠的图中，共绘有13名球员、四只用球，观球的宣宗坐在场边的敞亭，似乎正被场上的争斗吸引。

马球是一项古老的体育运动，盛行于唐代，又称"击球""打球"或"击鞠"，唐、宋、辽、明的许多达官贵人乃至皇室成员都热衷此道，爱玩

《临苏汉臣宋太祖蹴鞠图》
（元）钱选　收藏于上海博物馆

画中描绘的是宋太祖赵匡胤、宋太宗赵匡义和几位臣子蹴鞠场景。《宋史·礼志》《乐志》中记载，凡朝廷举行盛大宴会都会有蹴鞠表演。可见这是一项宋朝皇家贵族都喜爱的运动。这幅画也为后人研究中国古代足球的发展提供了珍贵的资料。

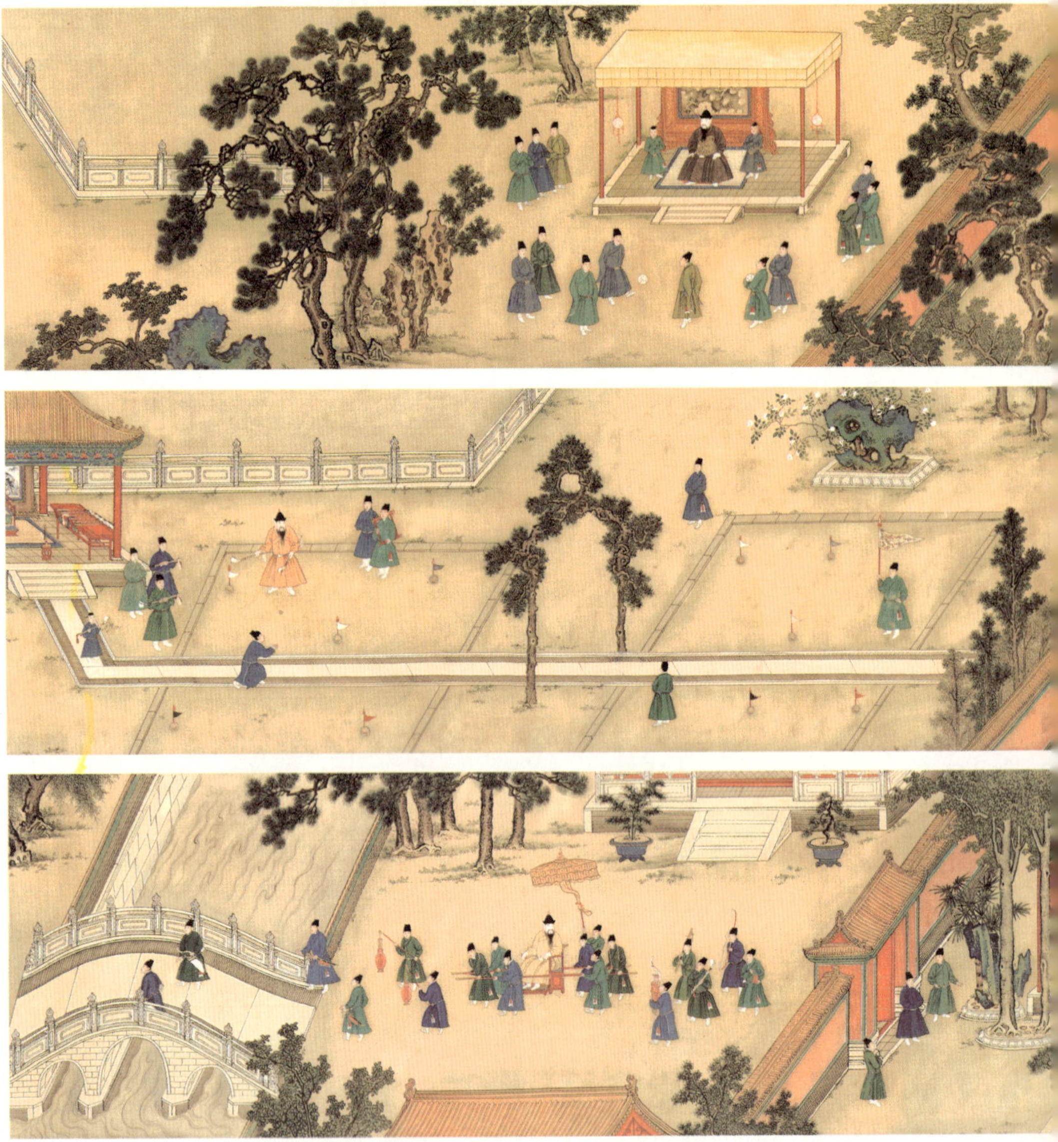

《明宣宗行乐图卷》

（明）商喜　收藏于北京故宫博物院

纵36.7厘米，横690厘米。此画展现的是明宣宗朱瞻基着便服休闲娱乐的生活场景，画中描绘的体育活动有射箭、蹴鞠、马球、捶丸、投壶等，由此可以了解古人的文化体育生活。同时，此画卷描绘了大量的建筑，以细腻工整的手法还原了明代皇宫精致的亭台楼阁，向我们生动地展现了经济繁荣的明代建筑艺术和奢华生活。

唐代唐三彩马球仕女俑

的明宣宗当然也不例外。《明宣宗行乐图》的第三段画的就是打马球的场面。这一部分在全画卷中占了很大的篇幅，绘有两组打马球的场景。其中一组是现实中的打球场面，旁边绘有观战的明宣宗，另一组则绘在了画中屏风的上面，形成了画中之画。这两组打球的人员各有6名，长相也非常相似，动作也都是正要将球击入屏风下方球门的瞬间。

《明宣宗行乐图》第四段描绘的是一种叫捶丸的游戏，在前三段中观战的明宣宗这回亲自上阵，成了活动的参与者。捶丸的玩法类似现在的"高尔夫球"，要先选一片空旷的土地，然后在地上画一座球基，离球基几十步至百步间做一定数量的球窝。为了方便击球者击球，每个球窝旁边都要插一支小旗。这种游戏的胜负也很容易判断，凡用球棒将球击入球窝者即为胜者。这一段画面上，终于走下观战宝座的宣宗持杆待动，举手投足间显示出十足的自信。

看来明宣宗朱瞻基是一位真正的运动爱好者，事实也的确如此。朱瞻基是明成祖朱棣的儿子，也是明朝第一个享受太平盛世的快乐天子。他从小精习武艺，擅长各种游戏和运动，深得朱棣的喜爱。做了皇帝后，他依旧保持着爱动的习惯。按说这些有强身健体功效的嗜好都无伤大雅，不该受到指责。可是，宣宗后来过度沉迷游戏，竟连朝政也懒得打理了。为劝他专心治国，大臣戴伦及陈祚先后于宣德初年和宣德六年苦谏，不料竟致身死，陈祚更是落得个家人十余口也跟着被诛的命运。爱玩爱到这个地步，便已超出了正常的范畴了。

红墙里的火光

故宫是由砖木建成，最怕的便是火灾。因此在明清两代，宫廷防火都受到了格外的重视。为了最大限度地减少火灾发生，宫墙内有很多盛水的吉祥缸，这种缸又叫门海，意即门前的海水，这样的名字也是为了取"以水克火"的寓意。这些大缸每口盛水3000多升，是名副其实的"海缸"。为保证正常使用，专职太监负责给大缸挑水加满，且绝对不允许缸有异味。冬天到来时，还要给大缸包上棉质的外套，缸下边还要生火，以防里面的水结冰，直到天气转暖。据《大清会典》记载，故宫内这样的大缸曾有308个之多，由于各种原因，这个数字逐年减少，后来只剩下200多个了。

尽管做足了防火的功课，还是没能杜绝故宫发生火灾，从永乐年间建成，到宣统下台，有破坏力的火灾就有5起，造成的损失都难以估算。

故宫第一次大火发生在永乐十九年（1421年）的四月，此前一年，

故宫官殿的藻井

选自《北京皇城建筑装饰》　[日] 伊东忠太等/编著

藻井又叫作龙井、覆海、斗八等，中国古代建筑顶部的装饰物。古人认为在殿堂最高处做井，并装饰以藻类植物，寓意有水，水能压火，以求保护建筑物免遭火灾破坏。

皇极殿藻井

太和殿藻井

这座辉煌的宫城初步建成，朱棣刚刚把首都迁到北京。新宫殿启用不到半年，就遭遇雷电起火，奉天殿、华盖殿和谨身殿基本被烧光，宫城的中心面目全非，一片狼藉，直到20多年以后的正统六年（1441年），明英宗时期才将三大殿重新建好。这次火灾对志得意满的朱棣来说是一个沉重的打击，他在火灾后还特意频发了"求直言"的诏书，"朕心惶惶"，请百官直言"朕行果有不当"之处，以图补过。但朱棣心胸狭猛，对上书提意见的大臣一律治罪，甚至将户部主事萧仪凌迟处死。

嘉靖三十六年夏（1557年），故宫第二次大火。这回受灾最严重的仍然是奉天、谨身和华盖三殿，被殃及的还有奉天门、左右顺门和午门外的左右廊。火灾造成的损失比上次要严重得多，光是打扫火灾现场就征集了5000多辆民间小车，并动用军工30000多人。这次大火过后，外朝建筑受到了不同程度的损坏，号称"盛名"的嘉靖皇帝只能在文华殿上朝理事。5年后，三大殿再次建成，并分别改名皇极殿、中极殿和建极殿。

万历年间故宫发生了第三次和第四次火灾，相隔还没到一年。万历二十四年（1582年）的火灾烧毁的是后廷的乾清宫和坤宁宫，而发生在万历二十五年（1583年）的大火又将改名后的前三殿焚毁。这两次大火造成的损失直到天启七年（1626年）才得以恢复，在此期间的45年里，明朝政府共花费白银930余万两，在湖广、四川等地大量征调木材及其他工料，终于在天启六年(1626年)先建成了皇极殿，次年中极和建极两殿又先后竣工。

到清朝时，故宫又发生了多起火灾，但损失都不是很大，倒是辛亥革命后的一场大火造成了极大的影响。这次大火发生在1923年的6月26日。那天夜里，西宫敬胜斋先发现了火情，火灾随风蔓延，很快就烧毁了周围的一大片建筑。除了建筑的损毁外，这次火灾还烧掉了无数珍贵的文物。这次大火发生时，被逼退位的清朝最后一个皇帝溥仪还住在宫中，他在回忆录《我的前半生》中说出火灾发生的真相，是偷盗了宫中文物的太监们为了掩盖罪行故意纵火。

万历『三案』

万历是明神宗朱翊钧的年号,在朱翊钧当政期间及他死后的一段时间里,故宫内曾发生了一系列神秘的案件。这些案件都发生在乾清宫内,且与争国本有关,其名称分别为"梃击案"、"红丸案"和"移宫案"。

万历皇帝在位时间长达48年之久,他是明朝在位时间最长的一位皇帝。万历皇帝的皇后姓王,人很贤惠,也深得万历皇帝的喜欢,可惜没能生出一个儿子来。万历皇帝的长子名叫常洛,其母亲只是宫中一个姓王的宫女,也就是说,朱常洛的出身有些卑微。虽然这个宫女后来被封为恭妃,但万历皇帝还是不喜欢她。万历皇帝后来又有了几个儿子,其中郑贵妃所生的朱常洵最讨他的欢心。

随着儿子们逐渐长大,立太子之事便排上了日程。按照万历皇帝的想法,是想立三子常洵的。可"立嗣立长"的祖训又让他很难下这个决断。两难之间，朱翊钧干脆来个不"断"，把立太子的事先挂了起来，对外的讲法，只说是"待嫡"，即等着王皇后生一个儿子出来。随着时间的流逝，万历皇帝眼看过了40岁，长子朱常洛也已经21岁。与两位皇子关系殊密的大臣们心急如焚，纷纷上表请求尽早立太子。反复权衡之后，万历皇帝下诏立常洛为太子，同时封常洵为福王，封地在洛阳。

但福王常洵被封后的十多年，一直留在京师，根本没去洛阳。福王常洵的举动让太子常洛颇为不满，朝中大臣也多有微词，认为他不离朝即有夺谪之意，因为依明太祖朱元璋的遗训，藩王被封后应立即到封藩之地赴任。在各方压力下，福王常洵只好带着庄田两万顷的赏赐，赴洛阳就藩。

人们的争论随着福王常洵的离京暂时平息了，可争谪的事情并没有结束。不久之后，一名陌生男子手持枣木梃闯入太子朱常洛的住处，见人便打，眼看就要进到太子的房间，才被侍卫拿下。事后经审问得知，此人叫张差，是受郑贵妃内侍太监庞保、刘成主使而来。大多数人都认为是郑贵妃在背后主使谋害太子，但万历皇帝不想深究，只杀了张差、庞保及刘成三人，了结了此案，但常洵的争谪之事也就彻底没有了希望。当时也有人怀疑是太子自导自演的"苦肉计"，想陷害郑贵妃，但无法证实。

于是，此案成为万历三大疑案中的第一案，即"梃击案"。

万历四十八年（1620年）七月十九日，被太子之事折磨多年的万历皇帝去世，八月初一，太子朱常洛登上皇帝宝座，是为明光宗泰昌皇帝。明光宗即位后，原先的忧虑一扫而光，开始尽情享受起了当皇帝的乐趣。他的身体本来就不好，整天纵情声色，越发变得虚弱。他登基没多长时间，就不能临朝听政了。这一年的九月，光宗朱常洛忽然开始腹泻，太医李可灼进宫看病，为其献上了一枚红丸，称这是自己的祖传秘

明神宗像

选自《历代帝王像》册 （清）姚文翰 收藏于美国纽约大都会艺术博物馆

朱翊钧（1563—1620年），明朝第13位皇帝，年号万历，穆宗朱载垕第三子。在位48年，明朝在位时间最久的皇帝。万历四十八年（1620年）驾崩，庙号神宗，谥号范天合道哲肃敦简光文章武安仁止孝显皇帝，葬十三陵定陵。

明熹宗像

选自《历代帝王像》册 （清）姚文翰 收藏于美国纽约大都会艺术博物馆

朱由校（1605—1627年），明朝第15位皇帝，明光宗长子，在位期间，宦官魏忠贤乱政，激起民变，后金不断侵扰，内忧外患。天启七年（1627年）驾崩，时年23岁。庙号熹宗，谥号达天阐道敦孝笃友章文襄武靖穆庄勤悊皇帝，葬于明十三陵德陵。

方，包治百病。朱常洵服下后，第二天精神果然好转，不由龙颜大悦，连连称李可灼为忠臣。可是当天晚上，他再次服下一枚红丸后，却忽然病重，疼痛难忍，尽管太医们想尽了办法，依然没能挽回他的性命。

这就是万历三案的第二案，即"红丸案"。

明光宗朱常洛的死让很多人心生疑团，他们一致认为这又是郑贵妃的阴谋，只是没有人能拿到真凭实据，所以谁也没有办法。朱洛常死后，乾清宫又开始上演"移宫案"。

移宫案的起因其实始自万历年间。万历四十八年，贤德的王皇后去世，郑贵妃以服侍万历皇帝朱翊钧为名，搬入了乾清宫居住。万历皇帝死后，新皇帝光宗按理该搬进这里居住。然而，郑贵妃仗着她曾是万历的宠妃，对前来劝她移宫的太监说，除非封她为皇太后，否则绝不搬出，后来，朝中大臣们又翻出以前宫中发生的旧事，声称如果她不搬出来，就会老账新账一起算。郑贵妃惊吓之余，才无可奈何地搬出宫去。这即是移宫案的前半段。

光宗朱常洛在郑贵妃搬出后入住乾清宫，一起进住的还有他最宠爱的李选侍，因为太子妃郭氏这时已经死去多年。李选侍也是一个政治野心极大的女人。入住乾清宫不久，她便开始为自己争取名号，一心想让光宗封她为皇后。由于李选侍各方面条件都不具备，光宗一直没有应允，但李却始终没有放弃，认为总有一天光宗会答应自己。让她没有想到的是，光宗只当了一个月的皇帝就死去了，她的皇后梦也因此一下被击得粉碎。光宗朱常洛死后，接替皇位的是年仅16岁的皇长子朱由校。当不成皇后的李选侍急火攻心，竟又动起了当太后的心思。她在乾清宫拖住小皇帝朱由校，非让他封自己当太后，而且学着郑贵妃的样子，不封就不从乾清宫搬走。后来，小皇帝朱由校在众大臣及太监的帮助下，终于将李选侍赶出，完成了移宫案的后半段。

皇家花园

故宫是皇帝及家眷生活的地方，当然少不了娱乐游玩的场所。从紧张烦琐的公务中抽身出来，在美丽的花园中享受大自然的宁静，当然是一件舒适清爽的事情。故宫有好几处花园——御花园、乾隆花园、西花园和慈宁花园。

御花园是宫后苑的俗称，始建于明永乐十五年（1417年），是一个东西宽130米，南北长90米的矩形园子。御花园里有一条设计十分精妙的石子路，这条路完全由各种颜色的小石子镶嵌而成，镶嵌的图案包括花卉、鸟类、虫草等自然生物，以及许多历史故事和民间故事。御花园石子路上的图案总共有900幅之多，走过这条小路，就像读过一个又一个有趣的故事。鹿台是御花园中的另一道风景，原来是作为皇帝观鹿之用，因为早先的故宫还养有珍稀动物，站在这里可以真切地触摸到故宫的历史脉搏。绛雪轩是位于御花园东南角的一间屋子，此屋面宽五间，旁边带一耳房，前出厦三间，呈"凸"字形，与呈"凹"字形的

"养性斋"遥相呼应，寓意阴阳五行之理。绛雪轩的门窗由楠木制成，窗格雕有"万寿无疆"的字样，轩内种有海棠等花卉，风雅的乾隆皇帝曾在此与群臣以"海棠"为题唱和，为绛雪轩留下了一段佳话。另外，御花园中还有象征着春夏秋冬的4个亭子，其中象征春季的为万春亭，象征夏季的为浮碧亭，象征秋季的为千秋亭，象征冬季的为澄瑞亭，此四亭立于御花园的不同地方，为园子增添了无穷的魅力。

乾隆花园又叫宁寿宫花园，是乾隆皇帝改建宁寿宫时所建的花园，是内廷园林的典范之作，共有3个主要部分。

古华亭是乾隆皇帝为了观赏一棵古树而修建的一个亭子，也是乾隆花园的第一部分。乾隆建古华亭要观赏的古树叫楸树，曾枯死而复生，且绵延有4代之多。"明月清风无处藏，长楸古柏是佳朋"，乾隆曾为这棵楸树题写过诗句，诗中体现的是他对这棵古树的欣赏之情。旁边著名的禊赏亭在古华亭西，禊赏亭坐西朝东，上边饰有象征王羲之兰亭修禊时"茂林修竹"之意境的竹纹，亭内地面则有凿石而成的水渠，该渠称流杯渠，渠水是从亭南假山后的小井中汲出，然后倒入大缸，再经假山内的暗渠流入此处。因渠水曲折盘旋，所以有"曲水流觞"之意境。

乾隆花园的第二部分是一座叫遂初堂的庭院，这座院子坐落在乾隆花园的中轴线上，是一座由正房、东西配房和转角游廊围合而成的正方形庭院。除了院中一组在山道上行走的碧玉小羊盆景很有意思以外，这座庭院没有特别著名的景观。

从遂初堂出来，穿过一条长长的甬道，就到了乾隆花园的第三部分了。这部分的主要建筑是耸秀亭、延趣楼、翠赏楼和符望阁。在这里，还有一座仿江南风格的小亭子，这座亭子的五根柱子呈梅花形状，亭顶也绘有梅花图案，蕴含着梅开五福、梅花报春的寄托。在这个亭子的上方，有一块乾隆亲笔题写的匾，匾额上的字竟然是"碧螺"。"碧螺"

禊

《兰亭修禊图》卷

（明）钱榖　收藏于美国纽约大都会艺术博物馆

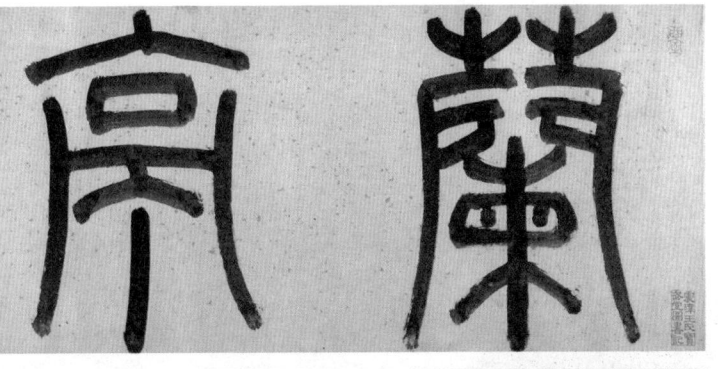

纵24.1厘米，横435.6厘米。这幅画描绘了东晋王羲之《兰亭序》中的景象。崇山峻岭，溪流蜿蜒，文士雅集于此，饮酒赏景。

御花园千秋亭 选自《清国北京皇城写真帖》 收藏于中国建筑图书馆

是康熙下江南时封的一种茶叶的名字，乾隆以此茶名命名亭名，也有纪念祖父康熙的意思。

建于康熙年间的西花园也曾是一座著名的皇家花园，可惜后来毁于大火。西花园曾是楼阁耸立"复宇连云"之所在，主要建筑有桃源书屋、承露轩、东书房、永宁寺、虎城、马厂及阅武楼等。西花园的东面同皇太后常住的畅春园相通，与乾隆的渊源极深，它是乾隆童年时的"侍清宴之所"，也是乾隆即位后向皇太后问安时经常到来的地方。更重要的是，乾隆收藏的大量珍宝和古董后来都收藏在这里。

占地6800多平方米的慈宁花园是一座布局开朗的宫廷式花园，富丽堂皇是它区别于其他花园的特点。慈宁花园的建筑主要分布在北部，南部则以亭台假山和花草树木为胜。这里围绕主楼咸若馆建有5座楼宇，分别是东边的宝相楼、南边的含清斋、西边的吉云楼、北边的慈荫楼和西南的延寿堂。这些布局合理的建筑与周围的池石、树木相映成趣，使整个园林呈现出古朴典雅的优美意境。

清宫里的戏台

看戏是皇宫中的主要娱乐活动，每逢各种节日，如元旦、立春、上元、端午、七夕、中秋、重阳、冬至、除夕以及皇帝登基、帝后的生日等重大庆典，都要在宫中演戏。故宫中可供演戏用的戏台很多，如重化宫、漱芳斋、倦勤斋等戏台都很有特点，但比较起来，还数畅音阁最为有名。

始建于1771年的畅音阁戏楼坐落在宁寿宫，它有3层戏台，每层的名字都起得很是吉祥，由上到下，分别为福台、禄台和寿台。畅音阁戏楼的占地面积有685.94平方米，总高度20余米，外表看上去就非常壮观。畅音阁戏楼建造时考虑到了视觉效果和下边两层的天井，所以3层戏台大小不同，从下到上呈逐渐收缩的形状。畅音阁底部的寿台面阔3间，进深3间，为3层戏台中最大，也是主要的表演场所。二层的戏台则稍有收缩，进深只一间。到了最高处的福台，空间进一步缩小，表演面积只剩下了戏楼前檐下的很小一部分。

除了戏台部分，畅音阁戏楼还有许多附属设施。在畅音阁寿台的顶部有3个天井，底部地下室则有4口旱井和1口水井。演出时，架设在天井上的辘轳可以根据剧情上下提升，以表现入地升天等神话剧目中的场景。而底部水井则主要用来当音响设施，为的是增加唱腔共鸣，使演出更具魅力。另外，畅音阁戏楼的后壁还有一座称为"仙楼"的阁楼，这座楼分别有通向寿台和禄台的木质扶梯，神仙等角色一般都从此处上场、下场。

为了帝后看戏方便，除了故宫，在宫外的皇家园林中也建有戏楼，位于北京西郊的颐和园内同样有名的德和园戏楼，是仿畅音阁规制建造的。它坐落在颐和园仁寿殿的西北面，修建于光绪十一年（1885年）。与畅音阁一样，这座戏楼也分为3层。它的总高度为21米，底层戏台宽度17米，建造时花费白银达71万两之多。德和园戏楼的构造非常现代，它的顶板有天井，台底又设有地井，同时二层的戏台还设有可拉动布景的绞车架。这些机关可随时根据演出的需要发挥效用，使演出更立体。德和园大戏楼的3层楼上都挂有慈禧亲书的牌匾，最上层的牌匾内空为"庆演昌辰"，从名字上不难看出，在这层演出主题主要是为了祝寿；第二层的牌匾写的是"承平豫泰"，有太平盛世、歌功颂德的意思；底层牌匾内容是"驩胪荣曝"，用白话来说，就是卖力演出，光荣献艺。与一般的戏楼看台不同，这里没有为普通观众设立观戏的座位，所谓看台其实就是对面的颐乐宫。每当有演出时，慈禧坐在宫内，周围由几个后妃或公主福晋陪同，边聊天边看表演，一直未得志的光绪便只能委屈在廊下陪看。至于朝中大臣及王公贵族，就只能在东西边廊对付了。

德和楼是慈禧观看演出次数最多的戏台，从光绪二十一年（1895年）

大戏楼建成起，慈禧便是这里的常客。仅戏楼建成的前11年，慈禧就在此观戏262次，其中有一年就达到了40多次。这个戏台也留下了许多与戏曲相关有趣的故事。在慈禧七十大寿那天，专门请了戏班进宫唱《玉堂春》，主演者正是慈禧喜欢的王瑶卿。《玉堂春》里的一个唱段有这样两句唱词："苏三此去好有一比，羊入虎口有去无还。"当王瑶卿唱到这儿时，忽然想起慈禧就是属羊的，今天又是她的七十大寿，如果这样唱出去还能有好处呀？情急之下，他忙将戏词改动了一下，唱成了"苏三此去好有一比，鱼儿落网有去无还"。一段唱罢，熟知此戏的慈禧满脸喜色，立刻让太监传话下去，送了好多赏钱。

　　王瑶卿急中生智地改词，既免除了犯上的麻烦，又给自己带来了莫大的实惠，可谓险中取胜的一招。事实上他的担心一点也不多余，因为慈禧很在意戏词里的内容和自己的属相，这一点有两件事可以证明。一件是慈禧在皇宫的戏台下面看《翠屏山》，只因唱词里有一句"最毒不过妇人心"，慈禧便气势汹汹地下令停戏。然后差人把戏调叫来，好一顿教训，吓得戏调以后调戏时胆战心惊，生怕再有让慈禧不开心的内容。另一件事虽然发生在宫外，事件的主角却是经常在宫中唱戏的武老生王福寿。平时慈禧很喜欢看王福寿的演出。可是有一天，慈禧忽然传下话来，让底下的人不得再给王福寿一个赏钱，这样做竟然只是因为王福寿开了一个羊肉铺子，天天用刀子片羊肉，犯了慈禧的忌讳。

珍妃的冷宫和珍妃井

光绪大婚前，慈禧曾在太和殿为其举行了择后仪式，当时参加择后的有副都统桂祥的女儿静芬、江西巡抚德馨的女儿鸾、凤，以及礼部侍郎长叙的女儿瑾和珍。在择后的过程中，光绪曾想把如意送给珍妃，却被慈禧喝止，只得按慈禧的意思选择了静芬。作为安慰，慈禧把珍妃和她的姐姐也一同召到了宫中。在此后的日子里，珍妃陪伴在光绪身边，成为光绪在宫中为数不多的知己之一。后来，因为与慈禧发生矛盾，她被迫移居景琪阁北边的北三所。这个北三所现在已经坍塌，在当年却是专门囚禁失宠嫔妃的冷宫。

冷宫是古代后宫一个独特的称谓，它一般没有固定的地点，凡嫔妃失宠或犯错被关在某个偏僻或不自由的地方，这个地方就可称为"冷宫"。明清时代"冷宫"有好几处，北三所只是其中之一。

被打入冷宫的珍妃是满洲镶红旗人，她进宫后，因与光绪想法接近，所以备受光绪宠爱，不久即被封为妃子。光绪对她情有独钟，不免冷落了慈禧的亲侄女隆裕皇后，再加上珍妃年轻思想活跃，对光绪影响颇深，让慈禧逐渐不喜，珍妃也因"干预朝政"被降为贵人。后来虽然又恢复了名号，但心中已种下了阴影。珍妃侍奉光绪时，对慈禧控制皇帝的做法十分不满，经常给光绪出主意，想让他早日主政。1898年戊戌变法期间，珍妃看到时局出现了对光绪有利的一面，便积极出谋划策。可惜天不遂人愿，戊戌变法最终以失败告终，光绪皇帝被慈禧囚禁在了中南海的瀛台，珍妃也被关进了北三所。

被囚在北三所时，珍妃每天吃的是下人饭，穿的是普通的衣服，话都不能随便说。不仅如此，每到逢年过节，慈禧或亲自前来，或打发亲信太监，特意在节日的饭前训斥羞辱她。在这样的环境下，珍妃苦熬了3年。她之所以坚持了下来，是相信慈禧总有一天会死去，光绪终有执政的一天。到那时，她肯定会得到本该得到的一切。但是，她的这个美好的幻想不久就被打破了。

1900年，八国联军进攻北京，清朝的军队不堪一击，眼看洋人就要攻入皇城，平时不可一世的慈禧这时只能选择逃跑。就在逃跑的前一天，慈禧将珍妃传到颐和轩，告诉她洋人就要进城了，现在自己和皇上要离开京城，但无法把她一起带走。慈禧说，为保全皇家颜面，珍妃必须做一个了断。知道慈禧意图的珍妃据理力争，认为自己罪不该死，而且皇上在此关头也没有逃跑的理由，应该留守京师。珍妃的话义正词严，让慈禧恼羞成怒。她马上吩咐太监将珍妃拉出去，投入到宫外不远处的一口井中。

　　珍妃死后第二年，逃难的光绪和慈禧一起回到了北京，迫于对外舆论，慈禧命人将珍妃的尸体打捞上来，葬在了宫外埋葬宫女的墓地。后来宣统年间，隆裕太后去世，珍妃的姐姐瑾妃做主，把妹妹从草草埋葬的地方迁出，葬到了清西陵光绪帝的崇陵旁。

　　吞噬掉珍妃生命的井后来被称为珍妃井。

把门槛锯掉

在清朝，有过两位对西洋特别感兴趣的皇帝，一位是开启康乾盛世的康熙，另一位则是末代皇帝溥仪。虽然都是迷恋西洋，这两位的迷恋方法却大不相同，康熙迷恋的主要是来自西方的科学和技术，为此他还潜心研究多年，成为最懂西洋之术的国人之一。而溥仪迷恋西洋则主要是为了享乐游玩，他也为此做了很多事，有些甚至可称得上是"惊世骇俗"。比如为了玩自行车方便，他就锯掉了紫禁城里标志着皇宫威严的高大门槛，这一想象力丰富的行为让后来所有自称爱玩的人们都望尘莫及。

溥仪是近代历史洪流中的一个悲剧性人物，他在清朝最没落的时候登上帝位，还没做几年皇上便发生了辛亥革命，被赶下了皇帝的宝座。辛亥革命胜利后，新成立的中华民国对皇室出台了许多优待措施，所以溥仪虽然不是皇上了，却仍然可以住在皇宫里。从溥仪退位到他搬出皇宫这段日子，是中国历史上政局动荡的时段，各路军阀为了争权夺利，整天打来打去，战火不断。尽管外边炮火纷飞，溥仪在紫禁城里却很安逸。因为没有了朝事的困扰，这时住在皇宫里的人甚至比以前更为舒适。此时的溥仪开始享受一些以前从未接触过的东西。在他的授意下，内宫里装上了电话、买来了沙发、设置了西餐厨房，就连老祖宗用了几千年的木澡盆也被他换成了白瓷澡盆。为了尽快地熟悉西洋物品，他还请来了外文教员，专门教他学英语。那时，自行车刚刚在中国出现，为了赶时髦，也是出于对这种新式出行工具的喜爱，溥仪让内务府买来了各种品牌与规格的自行车，其中有产自英国的"美人牌""双枪牌""三枪牌""帽牌"，也有产自法国的"雁牌"、"双人牌"和"狮子牌"。后来，产自德国的"蓝牌"也摆进了他的车库。溥仪的车库设在御花园东南的绛雪轩。那里至今仍保存着溥仪被赶出宫时留下的一辆女式自行

《骑自行车》年画　（清）戴廉增

车，据推断可能是皇后婉容的座驾。

这些自行车购进后，很快就成为溥仪最喜欢的玩物，他和婉容、文绣等人整天骑车乱闯，大呼小叫，把整个后宫搅得天翻地覆。在享受自由骑车快乐的过程中，溥仪发现宫门间高高的门槛对骑车的影响太大，这些门槛使他穿越各个院落时不得不翻身下车，搬车步行。为了便于从各个殿宇间穿行，他下了一道荒唐的命令，让太监把他经常通过的宫门的门槛全部锯断，并吩咐他们在有台阶的宫门处安置上斜坡的木板。于是，遵义门、广生右门、咸和右门、大成右门、咸和左门和广生左门的门槛无一幸免。溥仪终于可以尽兴地骑自行车在后三宫奔驰，再也没有一点的阻挡。

从此之后，紫禁城后宫的门槛就变成了从未有过的活动式，为了搁置这些活动的门槛，在每个宫门的后边专门设了汉白玉的座基。当时很多清朝旧臣对于溥仪锯断皇宫门槛的举动颇为不满，溥仪也因此受到裕隆皇太后的责备，但一心为了快乐的溥仪根本没把这些放在心上。

末代皇帝溥仪锯断了皇宫的门槛，也为皇宫的故事画上了句号。从这个意义上说，溥仪的这一举动也似乎预示了皇宫不再是皇帝私人专属，普通老百姓也可以踏过故宫的门槛。

相关链接

满汉全席

满汉全席是始于清朝时期的宫廷宴,它包括各种山珍海味,冷荤热肴共计196品,点心茶食124品,总计肴馔320品,可谓融合了满族与汉族菜点之精华。从形成大宴开始,满汉全席的菜单便经常载于各种资料中,其中以乾隆年间李斗所著《扬州书舫录》中记载的食单最早。清朝中后期,能参加满汉全席已经成为身份和荣耀的象征。

因宴请对象的不同,满汉全席分为以下六宴:

满汉全席的第一宴是亲藩宴。

此宴是清朝皇帝为招待与皇室联姻的蒙古亲族所设的御宴。这道宴每年举办一次,设宴地点在正大光明殿,除宴请的蒙古亲族外,还有满族的一、二品大臣作陪。据说每年受邀的蒙古亲族都把赴此宴当作无尚的幸福与荣耀,对皇帝在宴中所列赏的食物也都非常珍惜,有时还会把食物放入衣袍中带走。

《清稗类钞·蒙人宴会之带福还家》中对此便有"年班蒙古亲王等入京,值颁赏食物,必之去,曰带福还家。若无器皿,则以外褂兜之,平金绣蟒,往往汤汁所沾濡,淋漓尽,无所惜也"的记载,可见这种说法并非空穴来风。

满汉全席的第二宴是廷臣宴。

廷臣宴的参加者是皇帝钦点的大学士及九卿中有功勋者,有时蒙古王公也会加入其中。宴会举办的时间是正月十六,也就是每年上元节后的第二天,地点在圆明园奉三无私殿。廷臣宴举办时要循宗室宴之礼,宴间皆用高椅,赴宴者赋诗饮酒,非常热闹。

满汉全席的第三宴是万寿宴。

万寿宴为清朝帝王的寿诞宴,也是内廷的大宴之一。能参加这个宴会,向皇帝进寿献礼,是王公贵族及文武百官最大的荣耀。万寿宴在所有大宴中最为隆重,尤其遇到大寿,赴宴者所着衣物首饰,宴席的装潢陈设及乐舞宴饮皆为上品,尽显奢华。光绪二十年(1894年)十月初十日慈禧六十大寿举行庆典和宴会时,耗费的白银总数近千万两,可谓空前绝后。此外,

《万寿盛典图》 (清)佚名 庆祝康熙六十大寿。

为了准备这次宫宴，绘有万寿无疆字样和吉祥喜庆图案的各种釉彩碗、碟、盘等瓷器多达 29170 余件。

满汉全席的第四宴是千叟宴。

千叟宴是与宴者最多的宫廷大宴，始于康熙年间，至乾隆年间达到顶峰。宴席的名字来源于康熙第一次举办千人宴时写的一首同名诗。与廷臣宴相似，举办千叟宴时一般也会现场赋诗。乾隆五十年（1785 年），在乾清宫曾举办了有 3000 人参加的千叟宴，宴后即收到柏梁体诗作百联句。嘉庆元年正月，在宁寿宫皇极殿又举办了有 3000 多人参加的千叟宴，宴后收集到的诗作更是达 3000 余首。

满汉全席的第五宴是九白宴。

九白宴是清代皇帝招待蒙古献贡使者所设的宴席，始于康熙年间。康熙平定蒙古外萨克等四部落后，这些部落每年以"九白之礼"为贡物，也就是白骆驼 1 匹、白色骏马 8 匹，向康熙表示忠心。每次上贡后，康熙都要亲自设宴招待。因所献骆驼和马匹皆为白色，故称九白宴。

满汉全席的最后一宴是节令宴。

节令宴是清宫内廷按固定的年节时令而设的宴席，是满汉全席中举办次数最多的宴席。元日宴、元会宴、春耕宴、端午宴、乞巧宴、中秋宴、重阳宴、冬至宴、除夕宴等都属节令宴的范畴。